生長の家の信仰について

谷口清超

日本教文社

はしがき

谷口雅春先生は、「生長の家」の創設当時に『生命の實相』という全集をお出し下さったが、その「頭注版（全四十巻）」の第七巻で、「朝の時間を生かせ」に大切な人生の意義を次のように述べられたのである。

《この『生命の實相』の大部分はおおかた朝の一、二時間に書かれた。この時間はわれわれが眠りより意識の世界に誕生した時の最初の産ぶ声をあげる時なのである。われわれは無意識の世界――いっそう大きな啓示の大本源の世界――からじょじょに意識の世界へと移動しはじめるのである。まだ無意識の世界から意識の世界への架け橋は落ちていない――この時間は特に印象深く、いっそう大きな啓示の世界から豊かな啓示が流れ込んで来るのである。諸君よ、この『生命の實相』の原稿はかくのごとくして書かれたのである。

わたしが実に多忙な私生活をもちながら、別に「生長の家」の公な仕事が、それほどの負担とならずにできるのは、こうした朝の啓示多き時間を利用するからである。

朝の時間を利用するものは一日を生かすのである。毎日朝の時間を利用するものは生涯を生かすのである。》

近頃の人々は「遅寝遅起き」の習慣がついて、朝の時間を生かさなくなっているのである。例えば平成十七年二月十七日の『産経新聞』の産経抄欄の中で次のような記事があった。

『安全であれ、と願う「学校」での惨劇はいつもやりきれぬ気持ちをひきずる。大阪の小学校で起きた殺傷事件も、十七歳少年の日常が表出するにつれ、切なさがつのる。ゲーム・プログラマーになる夢を抱いていたという少年の同級生らの証言には、耳を疑った ▼「ゲームで夜更かしをして朝起きられずに不登校気味になった」「自室には百本以上のゲームソフトが並んでいた」。少年の親は子育ての過程でなぜ、これほど大量のソフトを与える必要があったのだろう（後略）』

ここに書かれているように、非行に走った少年は、遅寝遅起きの習慣に埋没して、ゲームに熱中し、ついにこの様な重罪を犯したのである。もし彼が「早寝早起き」をして朝の時間を生かす生活をしていたならば、彼の生活はテレビゲームなどに埋没せず、この様な重大な犯罪を犯す青年にはならなかったはずである。

人間は昼間に活躍するものであり、猫やコウモリやフクロウのような「夜行動物」ではない。『生命の實相』等の聖典の大部分は、全て朝の時間に書かれたと記されている。それと同じように、人生の朝に当たる子供の頃は、「朝の時間を生きているもの」であるから、この時期に学んだ事は子供達の身心に強い影響を与え、その人生を決定付ける大きな力となっているのである。

有名な芸術家や学者などもその人生は幼児の頃から教えられ、中には母胎の中から聴かされた音楽だったりする。

これが当り前の生活であり「自然法爾」と言う事もできる。この書物は、から構成される。

第四章では、「そのままの生活」の素晴らしさが述べられている。『生長の家の信仰について』について書く場合に、難しいことや易しい事など色いろな事について述べなければならないが、最初編集部から与えられた名前は『生長の家の信仰とは』という題名であった。この題名『生長の家の信仰とは』の中にある「信仰とは」と、『生長の家の信仰について』の中にある「信仰について」とはちょっとした違いの様だが、実はかなりの相違がある。

それは本文をよく読んでくれるとお分かりになるだろう。本書の内容も易しいことや難しい事が混在しているから、どうか分かるところは分かり、分からん所は後回しにして下さい。

平成十七年二月二十一日

谷口清超

生長の家の信仰について

目次

第三章　万教帰一の真理

第四章　自然法爾の生活

第一章

唯神実相の信仰

人は皆すばらしい

蚕と繭

人はみな母の胎内に凡《およ》そ十月十日《とつきとおか》ほど滞在して、この世に生まれてくる。そしてまた何年か地上の生活をして、あの世に移行するのである。その間色々の経験をして、〝勉強〟する。なにを学ぶかと言うと、「人間とはどんな者か」と言うことを学ぶと言っても良いだろう。もっと突き詰めていうと、「人間はすばらしい」と言うことを。そしてこれを宗教的にいうと、人はみな仏様であり、神の子様だ、と言うことである。だから日本では昔から死んだ人を、「神様」や「仏様」としてお祀《まつ》りしたのであった。

もっとも人によると、「死んだら灰や骨になるだけ」と主張する者もいる。しかしそれは〝肉体〟の話であって、人間はそのほか、「魂《たましい》」とか「霊魂《れいこん》」といわれるものが「本体」としてある。それをお祀りするのである。と言うのは、肉体は霊や魂の着物のようなものに過ぎない。だから聖経《せいきょう》＊『甘露《かんろ》の法雨《ほうう》＊』には、こう記されている――

『物質は却《かえ》ってこれ霊の影《かげ》、心の産物なること、
恰《あたか》も繭《まゆ》が先ず存在して蚕《かいこ》がその中に宿るには非《あら》ずして、
蚕が先ず糸を吐《は》きて繭を作り
繭の中にみずから蚕が宿るが如《ごと》し。
人間の真性は先ず霊なる生命にして
心の糸を組み合せて肉体の繭を造り
その繭の中にわれと吾《わ》が霊を宿らせて、
はじめて霊《ことば》は肉体となるなり。
汝《なんじ》ら明かに知れ、繭は蚕に非ず、
然《しか》らば肉体は人間に非ずして、
人間の繭に過ぎざるなり。（前後略）』

この霊なる「人間の真性」を知り、それが「神の子」であり「神・仏」であることを自覚することがとても大切なのである。しかもその肉体は歳とるに連れて次第《しだい》に「じい

さん・ばあさん」になり、やがて肉体の〝死〟をむかえる。そこで続いて『甘露の法雨』には、
『時来《きた》らば蚕が繭を食い破って羽化登仙《うかとうせん》するが如く、
人間もまた肉体の繭を食い破って霊界に昇天せん。
汝ら決して肉体の死滅をもって人間の死となす勿《なか》れ。（前後略）』
と記されているのである。

おばあちゃん

そこで肉体は何時《いつ》までも長持ちはせず、次第に老化して行き、やがて爺《じい》さん、婆《ばあ》さんとなる。これもすこぶる当たり前のことだが、なんとなくその言葉が嫌《いや》だと言う人がいる。ことに孫や曾孫《ひまご》に言われるのではなくて、他人から「おばあちゃん」などと言われるのは嫌だという。だから芦田伸介と言う俳優さんは、孫からでも「おじいさん」などと言わせず、「ご先祖様」と言わせたそうだ。

私も孫から「おじいさん」と言われると、「誰《だれ》のことかいな？」と戸惑《とまど》うことがある。内《うち》でも、夫婦はお互いに「おじいさん」「おばあさん」などとは言わない。だから他人か

ら「ちょいと、そこのおじいさん……」などと呼ばれると、面食《めんく》らうだろう。例えば平成十五年五月十九日の『毎日新聞』に、北海道浦河町に住んでおられる久木田奈美さん(36)のこんな投書が載っていた。

『私の母は現在65歳。41歳の時に、病院で叔母の子供と一緒にいたら、看護師が子供に、「おばあちゃんと一緒でいいわね」と言ったそうだ。

それを聞かされた時、私は幼心にも、がく然とした。言った本人に悪気がないにしても、言われた相手はどう思うであろうか。

世の中には自分の孫にでさえ「おばあちゃん」と呼ばれたくない、言わせない人もいるというのに、それが全く見ず知らずの人に言われるのは、さぞかし不愉快な気持ちになると思う。

テレビや雑誌などは、60代ぐらいの人を「老女」とか「年老いた」などという表現で紹介している。今の60代や、それ以上の人たちでもまだまだ若いのに。

個人的な話で恐縮だが、私はあいにくまだ独身。当然子供もいないので、母にはいつもぼやかれている。「早く、おばあちゃんにしてくれ」と。』

人には色々な好き嫌いがあるから、誰が正しいとも言えないが、〝言葉の力〟はとても大きくて、「その人の人生を作り出す」から、注意が肝要《かんよう》だ。そこでまず「あいさつ」ぐらいから練習していくのが良いだろう。「明るい挨拶《あいさつ》」はとても気持ちの良いものだから。やはり同じ新聞の同年六月七日号に、こんな投書があった。

『　　主婦　谷　素子　45（埼玉県越谷市）

朝の静けさが終わるころ、私のひと仕事も終わります。新聞配達を始めて、今年で10年になります。

朝は、出会いの時です。とびっきりうれしいのは、笑顔のあいさつに出会えた時です。

ある制服の女子生徒は、満面に笑みをたたえあいさつをしてくれます。「おはようございます」と。その声は、新鮮に私の心に届いてきました。

それは、あいさつができない大人が多いからです。こちらからあいさつをしても、首だけさげて、言葉にならないのです。反応を示さない人もいます。

その中にあって、彼女の笑顔と言葉は輝いていました。私は、その新鮮な笑顔を忘れないで成長してほしいと心から願っています。

新鮮な心は、人と人との出会いを作ります。新聞こそ新鮮さが命です。そこに心をかよわせて、届けていきたいと思っています。』

人と動物たち

わたしの内《うち》では家内《かない》、即《すなわ》ち恵美子さん*が毎朝メダカと雀《すずめ》と雉鳩《きじばと》に餌《えさ》をやっている。すると次第に彼らもそれを憶《おぼ》えてきたようで、メダカでも餌を待って、やらないうちから鉢《はち》のこちらがわに寄ってくるし、鳩でも我が家の軒近くまで催促《さいそく》に来ることがある。生き物はどんなに小さくても大きくても、人と心が通じるものだ。先ほどは蚕と繭の例を述べたが、平成十五年六月十日の『讀賣新聞』には、少年のこんな投書が載っていた。

『　　　　　　高校生　有海《ありうみ》　亮介　15（東京都狛江市）

今、僕の部屋に、二匹の蚕《かいこ》が住んでいる。学校の生物の授業で、飼育観察することになったのだ。虫は苦手だったが、飼い始めて一週間過ぎた今では、彼らがかわいくて仕方がなくなってきた。かっこいい名前がいいなと思って、「じょん」と「れのん」と名付けた。愛きょうのある顔。頭を持ち上げた格好はまるでミニモスラだ。観察のために触っても、「じょん」は平然と桑の葉を食べ続けるが、「れのん」の方は嫌がって体を反《そ》らせる。体の模様も少しずつ違う。こんな小さな生き物にも、個性はあるらしい。

ついこの間、「じょん」が桑の葉を食べなくなり、しきりに上半身を動かし出し、やがて口から糸を吐き始めた。箱に入れてやると、休むことなく繭《まゆ》を作り始めた。授業では、成虫になる前に繭から糸を取ることになっていて、それを思うと複雑な心境になる。

僕が学校に行っている間、世話をしてくれている母も、「けなげだね」と目を潤《うる》ませている。蚕が、こんなにかわいくなるとは思わなかった。

耳を澄《す》ませると、「れのん」が桑の葉を食べる音が聞こえる。「じょん」は静かに繭作りに励んでいる。小さな命を実感した。』

私がまだ少年だった頃は、農家で蚕を飼って繭を育てている光景が見られた。まだ蚕にさわって見たことはないが、この有海君の観察によると、一つずつ個性があるようだ。それらを一緒にして、大きな鍋のなかに入れて、蒸《む》して絹糸を取り出す光景もたびたび見た。気の毒で、その時の臭いも、あまり気持ちの良いものではなかった。今はどうやって糸を取り出しているのか知らないが……

ある日の朝のこと、自前《じまえ》の朝食を食べながら、恵美子さんが私にこんな質問をしたことがある。「鯨の肉を食べるのと、牛の肉を食べるのと、どっちが悪いの？」と。それは丁度《ちょうど》捕鯨条約かなにかが論ぜられて、日本代表が怒って退席したというニュースの出た頃だったと思う。私は「どっちも悪いなあ……」と答えたものだ。もしかしたら、「どっちが罪が深いか」と訊《き》いたのかもしれない。とにかく現象人間は、その本質が「神の子」であるのに、「罪人《つみびと》」の姿を現しているから、偉そうなことを言うべきではないのである。

夢のよう

しかし人の病気や怪我《けが》が治ると言うような場合には、この様な〝罪《つみ》〟の問題は起こらない。何故《なぜ》なら人が病む事自体が「実相《じっそう》＊を包《つつ》み隠《かく》す」という「罪」に当たり、それが解き放たれるからである。その「解放者」は「コトバ」であり、しかも「真理のコトバ」であるのが理想的だ。

例えば平成十五年六月十七日、「谷口雅春《たにぐちまさはる》大聖師十八年祭」＊の時、午後の団体参拝練成会＊の時間に、斎木紀代さん（昭和十五年四月生まれ）が次の様な体験を話された。彼女は徳島県三好郡池田町に住むお方だが、昭和四十一年二月に入信された。きっかけは、長男が気管支炎《きかんしえん》に罹《かか》ったことだった。

その後ご主人の智《さとる》さんは昭和五十七年からプラント建設のために、東ドイツに五年間単身赴任された。残された紀代さんと子供達は、まるで母子家庭のようで寂しい毎日だった。しかし紀代さんはいつも神想観《しんそうかん》＊に通い、白鳩会＊の活動をし、ご主人に中心帰一する気持ちで暮らしておられたそうである。

その間、子供達は受験や就職の問題があり、それも夫のいる東ドイツが遠いので、いつも事後報告になっていた。でも信仰のお陰で、万事好都合に行った。そして昭和六十二年、智さんはやっと帰国した。ところが平成四年十一月に同僚達と会社から帰っている時、突然意識を失って倒れたのである。たまたま同僚の中に医師がいて、彼の手の震《ふる》えるのをみて、

「これは脳外科の専門病院に行った方がよい」

と言った。そこで当時蜘蛛膜下《くもまくか》治療で有名だった富永病院につれていかれた。これはとても良い友人や場所に恵まれていたと言えるだろう。早速検査の結果、最後に行った造影検査により、左眼の奥の動脈に動脈瘤《りゅう》の疑いがあると診断され、入院治療すること

になった。それも動脈瘤が二つあり、何時《いつ》破裂するかも知れないと言うのだ。さらに心房細動不整脈《さいどうふせいみゃく》のため、即手術という訳《わけ》にはいかなかったのである。

そこでそのままの入院生活をしていたが、丁度父の一周忌があるというので、一時退院ということになった。ところが今まで紀代さんは夫に、生長の家を勧《すす》めていたが、いつも「わかっとる、わかっとる」の一点張りだった。で紀代さんが病院に普及誌*を置いて帰っていたので、少しはそれを読んだらしい。一時退院したこの機会に、と思ってご主人を練成会に誘ってみた。すると「行っても良い」と言う前向きの返事だった。

紀代さんは「これで大丈夫《だいじょうぶ》だ」と思い、「必ず良くなる」と確信したと言うのである。いつかご主人と一緒に練成会に行くことを夢見ていたからだ。しかもこんなに早く実現するとは！「夢のよう、嬉《うれ》しい！」と、友人たちにも語ったくらいだった。

新しい生活

さて宇治の練成道場*に行ってみると、智さんが先にたって席を取ってくれたりして、真剣に行じてくれた。紀代さんも受講しながら、泣いたり笑ったりしつつ何の恐れもなく行動し、ご主人が真剣に祈られる姿をみて、ただ神様やご先祖さまに、「人間神の子、罪なし、病なし、迷いなし」と祈るのだった。さらに家に帰ってからも、ご主人は朝の四時過ぎにはもう起きて、紀代さんがふと気がつくと、『甘露の法雨』をあげておられるといった状態だったのである。

こうしてご夫婦は、宇治で習った通り、笑いの練習から天突《てんつき》体操まで行い、智さんは、「運が良かった、これで手術をしなくてもすむ」と思っておられたらしい。しかし入院してからは、医師たちのすすめもあって、後は全《すべ》て「神様に全托《ぜんたく》」の気持ちになられ、六時間の大手術を受けた。

さて頭脳を開いてみると、二つあった脳動脈腫瘍の一つは消え、あとの一つはコーティングして破裂しないようにする処置をして、モニターで脳内を観察しても、綺麗《きれい》になっているようだった。こうして退院してからも「神想観」を続け、また入院中も聖経読誦《どくじゅ》と写経をした。それを枕の下に敷き、妹さん達も晒《さらし》に写経して下さったと言うことだ。このような家族揃《そろ》っての信仰生活により、二十五日間の入院生活で退院出来、驚くような快復ぶりであった。

その後定年退職となったが、平成十年十一月に智さんの郷里である徳島県池田町に帰ってきて、智さんは地域でのリサイクル活動やヴォランティアの事務局に参加し、神社やお寺の奉仕活動をし、生ゴミや堆肥《たいひ》を使った無農薬の野菜作りに専念しておられると言う話だ。娘さんも紀代さんも、「野菜ほど愛してくれたかしら」と思うほどだと冗談をおっしゃっておられた。近所の人たちも、「ここの野菜は育ってるで」と声をかけてくれるほど、りっぱに成育しているらしい。

また智さんは手術が成功してから、生長の家の講習会*や講演会には必ず出席され、自宅での誌友会*（紀代さんは白鳩会の支部長*で地方講師*でもある）の会場作りや、彼女の講演の資料作りなどをして下さり、毎日嬉《うれ》しく楽しい信仰生活を送っておられると言う体験発表であった。またさらに娘さんは生長の家青年会*の委員長になられたという事であった。

このように人生の転機は、一生涯に色々ある。入学、卒業、結婚、就職、定年退職、リストラなど……ことに夫が入院、退職などされたとき、がっかりして意気消沈《しょうちん》する夫人もおられるが、「夫婦で新しく楽しい人生に入るチャンスだ」と考えることも出来るのだ。例えば平成十五年六月二十三日の『毎日新聞』には、こんな「女の気持ち」という記事があった。

『若葉の季節は、長閑《のどか》な田舎に住む私のとても好きな季節です。

昨年の今ごろ、私にとって人生最大の試練は訪れました。飲み会の帰り、主人が自転車で田んぼに転落。頸椎《けいつい》不全損傷、大けがでした。「車いすでの生活を覚悟してください」。非情な医師の声、人一倍元気で、勤めのかたわら1町歩からの稲作をし、家族に何の心配も不自由もさせず、一家を支えてくれました。

今度は私が「お父さん、大丈夫。私が治してあげる」。こう言うしかありませんでした。ただただ一生懸命介護し3カ月付き添いました。病院は完全介護だから、そんなにしなくても……でも私、捨ててはおけませんでした。今までの主人の大きな愛に初めて気づきました。神仏、万物に祈りました。皆が心配してくれて、病室はお見舞いの花であふれました。人の心の温かさも身にしみました。4カ月の入院。今は車いすの生活ではなく、歩行に多少の不自由はありますが、勤めにも出ております。

田んぼは全部人に頼みました。今農家の一番忙しい時期。2人で静かな温泉に来ています。私たちの生活は変わっても、木々の芽吹く緑の季節の訪れは変わることなく、若葉から青葉へ。

主人は今年で定年です。今まで、一生懸命働いたんですもの、万物に感謝し、2人でゆったりと心豊かに生きたいと思うこのごろです。

千葉県丸山町　景山　洋子　57歳・公務員』

＊聖経＝生長の家のお経の総称。『甘露の法雨』『天使の言葉』『続々甘露の法雨』『聖使命菩薩讃偈』などがある。日本教文社刊。

＊『甘露の法雨』＝谷口雅春著。宇宙の真理が分かりやすい言葉で書かれているお経。詳しくは、谷口清超著『「甘露の法雨」をよもう』、谷口雅春著『新講「甘露の法雨」解釈』（いずれも日本教文社刊）参照。

＊恵美子さん＝生長の家白鳩会総裁。

＊実相＝神によってつくられた完全円満な本当の姿。

＊谷口雅春大聖師＝生長の家創始者。昭和六十年に満九十一歳で昇天。

＊団体参拝練成会＝生長の家総本山に教区単位で参拝し、受ける練成会。略して「団参」ともいう。練成会とは、合宿形式で生長の家の教えを学び、実践するつどい。

＊神想観＝生長の家独得の座禅的瞑想法。詳しくは、谷口清超著『神想観はすばらしい』、谷口雅春著『新版　詳説　神想観』（いずれも日本教文社刊）参照。

＊白鳩会＝生長の家白鳩会。生長の家の女性のための組織。

＊普及誌＝生長の家の一般向け月刊誌。中・高年男性向けの『光の泉』、女性向けの『白鳩』、青年向けの『理想世界』、中・高生向けの『理想世界ジュニア版』の四誌がある。日本教文社刊。

＊宇治の練成道場＝京都府宇治市宇治塔の川三二にある生長の家宇治別格本山。毎月各種の練成会や宗教行事が行われている。

＊生長の家の講習会＝生長の家総裁、副総裁が直接指導する生長の家講習会。現在は、谷口雅宣副総裁、谷口純子生長の家白鳩会副総裁が直接指導に当たっている。

＊誌友会＝生長の家の教えを学ぶ会。主に居住地域単位の日常的な集まり。

＊白鳩会の支部長＝生長の家白鳩会の単位組織の長。

＊地方講師＝自ら発願して、生長の家の教えを居住地域で伝える、一定の資格を持ったボランティアの講師。

＊生長の家青年会＝生長の家の青年男女のための組織。

何もかもありがたい

分からないこと

この世の中には、分からない事が一杯《いっぱい》ある。生まれた生年月日は「分かっている」つもりでいるが、それは父母か誰かから教えられた月日で、「本当はどうか」ということになると、自分では分からないだろう。ただ教えられたり、記入されている戸籍謄本《こせきとうほん》などを見たから、その日に生まれたと〝信じている〟のである。こうして一生を送り、やがて必ず死ぬのだが、この日が本人にはよく分からない。医者が「ご臨終《りんじゅう》です」と言うから、その日に死んだのだと「分かる」と思うかも知れない。しかしそう思うのは本人ではなくて、死んだ本人にはいつ死んだかよく分かっていないのである。

さらにそれから霊界に行くにしても、どんな所に行くのかも分からない。分からないことだらけである。しかし、分からない所が面白い。明日何が起って、次に又何が起るか、何もかもみな分かってしまうと、面白くないだろう。例えば「夫が今会社で何をしているか。会社がひけて、今はどこで何をして遊んでいるのかしら……」と思い悩む奥さんもいるが、それでは気が散って自分の生活が成り立たなくなるのではないか。その上、子供のことまで全てが分かってしまい、「今○○ちゃんは、どこで何をしている」とか「次に××ちゃんが、どこでどうしている」と、みんな分かるとすると、これもまた気が散って、忙《いそが》しくてたまらない。

だから「分からない」ということも、ありがたいのである。丁度《ちょうど》映画を見に行っても小説を読んでも、くわしい筋書きは分からない方が面白いようなものではないか。だから結局最後は「何を信ずるか」ということになる。よく〝知識人〟の中には、「信仰する人は弱者である」などと言う者もいるが、そう言う本人が、やはり何かを信じているだけなのだ。

どんな偉い人でも、やはり「分からないが、信じている」のであって、何もかも分かっていると思い上がっているのは、「分かっている」と信じているだけである。しかも「信ずる」ということは、このように大切だが、「何を信ずるか」でその人の人生が変わってしまうから、これは〃一大事〃である。即《すなわ》ち正しい信じ方をしなければならないし、一番確かなことを信ずることが、とても大切なことだと言わなければならない。不確かな言葉や、あまり頼りにならない人々の言うことを信じない方が賢明である。

意識を失う

例えば平成十三年十月二十八日に、総本山*の団体参拝練成会で、阿部由美子《ゆみこ》さん（昭和二十九年六月生まれ）という方がこんな話をして下さった。大分県速見《はやみ》郡山香町《やまがちよう》高取に住んでおられるが、平成六年十一月に実家の父君が死去された。その三ヵ月後には嫁ぎ先の舅《しゆうと》さんが死亡された。その後一年間たった頃のこと、当時十九歳だった娘の由《ゆ》香《か》さんが、別府のホテルに勤めていたのに、突然やめて帰宅し、以来何もしなくて在宅生活を送っていた。

この由香さんが、突然意識を失って、部屋の中で色んな物音を立てる。びっくりした由美子さんが、様子を見に行くと、頸《くび》をかきむしらんばかりにして、

「苦しい、息ができない！　お母さん、助けて！」

と叫《さけ》ぶのだ。何がどうなったのか分からないまま、病院に連れて行った。ところがそ

の病院では眠り薬でも飲まされたのか、こんこんと眠り続けて意識がもどらない。由美子さんとご主人は、どうもおかしいと思って、二十キロぐらいの所に住んでいる霊媒《れいばい》さんのところに彼女を運んで行った。

すると間もなく娘さんは意識を回復した。しかし何が何だか分からない由美子さんは、底なしの深い井戸に落ち込んだような気持になり、何か物音がすると自分の心臓が一メートルくらい飛び上がるような恐怖におそわれた。娘さんはいつどこで意識を失うか分からないので、どうしてよいか分からなくなってしまったのである。

人生では「分からないことが一杯ある」と言ったが、こんな状態で「分からない」となると、不安でたまらない。そんな生活を一年間も送ったという。昼間の発作《ほっさ》だと倒れた娘を力一杯で車庫まで連れ出し、霊媒さんの所に運び込んだ。夜になって意識を失い暴れ出すと、会社員のご主人が運転して下さる車に運び、

「由香ちゃん！」

と呼びかけるが、どうしても脈が取れないような仮死状態になってしまう。鼻の所に手を置いても、息をしているようではないし、心臓に手をあてても動いているようでない。そんな時由美子さんは思わず内心でこう叫んだ。

「十九歳になるまで、娘は何も悪いことをしていません。神様、私のいのちはいりません、この子のいのちを助けてやって下さい！」

こんな時、霊媒さんの宅に連れて行くと、ご主人と由美子さんにこう言うのだ。

「ご主人のお父さん（由美子さんの舅さん）が霊界で成仏《じょうぶつ》していないから、娘さんを通して、助けてほしいと言っているよ」と。

そのころ由美子さんはまだ「生長の家」をよく知らなかったから、そんな霊媒の言葉を聞いても、「とんでもない」と思うだけだった。

「とんでもない。私の方が助けてもらいたいくらいだ！　何で私たちがこんな目にあわなければならないのか！」

しかし何とかしたい。だがどうしたらよいのか分からない、と思って悩み苦しんでおられた。そこで娘さんが正気の時に「どんな気持になるの」と聞いたら、「突然胸の中がキーンと痛くなって、意識がなくなる」というのだった。

神は全ての総て

そんな悩ましい状態の時、阿部由美子さん宅の近くに住んでおられる本田宥子《ひろこ》さんという方から、結婚して以来ずっと『白鳩』誌他三冊の「普及誌」を頂いていたことを思い出した。だが折角《せっかく》もらっても、十年くらいの間そまつにして、ほとんど記憶に止めなかったのである。そのことを思い出して、部屋中をかき集めて読んでみた。するとまるで、

「自分のことを書いていてくれるようだ」

と思った。三冊くらい読んだ時、彼女は今までとても大切なことを間違えていたのではないだろうかと考えた。そこで普及誌にのっていた〝教化部〟*の一覧表を見て、大分県の教化部の住所を知り、本田宥子さんの所に行って、「今からでも生長の家に入ることができますか」と聞いたのが、平成八年五月のことであった。

こうして由美子さんは、本田さんと山香町に住んでおられる宇野信恵さんのお世話になりながら、家族全員を「聖使命会」*に入会させ、母と姑さんも同会に入れることにしたのである。

そもそも生長の家では、霊界も現象界としてはあるのだと説いているが、それは完全円満な実相界という「実在界《じつざいかい》」・「神の国」とはちがう〝仮の世界〟であって、霊媒さんに聞いたら色々分かるよなどということは説いていない。即ち『甘露の法雨』という聖

経の中の、『七つの灯台の点灯者』の神示の「大調和の神示」＊にはこう記されている――

『（前略）われは全ての総《すべ》てであるからすべてと和解したものの中にのみわれはいる。われは此処《ここ》に見よ、彼処《かしこ》に見よと云《い》うが如《ごと》くにはいないのである。だからわれは霊媒には憑《かか》らぬ。神を霊媒に招《よ》んでみて神が来ると思ってはならぬ。われを招ばんとすれば天地すべてのものと和解してわれを招べ。われは愛であるから、汝《なんじ》が天地すべてのものと和解したとき其処《そこ》にわれは顕《あらわ》れる。』

由美子さん夫婦には由香さんの外に高校生の弟さんがいたので、この弟にもこんなことで心配させたくはない。そこで由美子さんは誌友会に出席するようになり、地方講師の先生方から「こうしたらよいですよ」と教えられるように、母親教室＊を開いたり、天地一切の者に感謝し、和解すること、夫婦親子の感謝の生活など、全てを実行しようと決意し、実行したのであった。

最初にやったのは『生命《せいめい》の實相《じっそう》』＊四十巻を買って読むことだ。以後とにかく色々の聖典などを読み、誌友会へ行ってよいお話を聞くと、早速家に帰って由香さんにその話を伝えたのである。すると今まで突然起っていた気絶状態や憑依《ひょうい》現象らしい状態などが、自然に起らなくなってきたのである。

信仰を深めること

さらに有りがたいことには、由香さんの症状が一番ひどかった頃彼女とつき合っていた北崎直幸さんという青年が、彼女の症状を知りながら由香さんと結婚することになった。しかも若い二人は共に生長の家の青年会員であり、直幸さんは単位青年会*の委員長、由香さんは現在二十五歳でヤングミセス*のリーダーとして、光明化運動に活躍するようになり、二人の間には二人の男の子も誕生したということであった。〝団参〟の時、由美子さんは最後にこう話されたのである。

『私がすごく嬉しいのは、この娘夫婦が、「お母さんを見ていたら、生長の家をやりたいと、そのように言って二人とも生長の家の聖使命会員となり青年会員となり、今は子育てがいそがしいのでヤングミセスの方はお休みをしている状態ですが、二人の子供がずっとおなかに入っている時から、「あなたがね、神の子さんよ」とずっと言って来ていました。それを見せてもらえる、そして同じ敷地内に大きな家ではありませんが別々に、スープがさめない距離に住まわせてもらっている、娘夫婦と私達夫婦、共にこれからこの生長の家のみ教えをより多くの人にお伝えして行けるように精進《しょうじん》して行きたいと思っております』と。

現在由美子さんは、教化部の職員であり、また地方講師、白鳩会の支部長さんとしても大活躍中である。

このように、一見苦しくて悲惨な出来事が起ったように見えていても、正しい信仰を持ち、現象に引っかからず、ただ愛と知恵とに満たされた「神の国」の実在を信じ行じて行く人々には、忽然《こつねん》として「光の世界」が現れ、幸福と平安の生活が実現するものである。

とにかくこの現象世界では、分からないことが沢山《たくさん》あるから、近親者が突然意識を失ってびっくりすることがあるかも知れない。しかしその原因がどこにあるか分からないとき、まず分からせようとしなくてもよい。分かるためには長い検査の時間が必要かも知れないからである。例えば同じ団体参拝練成会の時、新潟市白山浦《はくさんうら》という所に住んでおられる青梅美佐保《あおうめみさほ》さんが、こんな体験を話して下さった。

彼女は昭和三十年に入信したが、以来地方公務員として生活し、青年会、白鳩会と活動し、平成十年より平成十三年九月の定年まで、教区の地方講師会長として務めて来られた。ところが平成十三年九月にご主人の耿朋《あきとも》さんが突然心筋梗塞《しんきんこうそく》で倒れられた。この日美佐保さんは教化部長*のご指導で、地方講師会の推進部会を開いていた。すると十一時半頃病院から電話で夫の入院を知らされ、救急病院に回送されて付き添うことになったのである。

それまで一回も病気らしいものを患《わずら》ったことがなかったのに、病院に行って見ると夫は死んだような顔をしておられた。心筋梗塞と診断され、新潟こばり病院という心臓内科のある病院に運ばれ直ちに手術をうけた。担当医は、

「もう救急車で搬送される途中で、死んでもおかしくない程一番重い心筋梗塞でしたよ」

と言われたのである。しかし手術は成功したというので、心から感謝した。考えてみると美佐保さんは講師会長になって以来、何よりも第一に生長の家の活動を考えていたが、ご主人はあまり熱心ではなかった。しかし美佐保さんの活動には、何でも心よく協力して下さっていた。発作の後二日間は集中治療室にいて、その後は個室に移され、十五日目（九月二十日）に退院することができたというから、大変順調に回復したことになるだろう。

しかし八日と九日には飛田給《とびたきゅう》の本部練成道場*でブロック研修会があった。美佐保さん

が、どうしようかな、と思っていると、ご主人は「行ってこい」とおっしゃる。大丈夫かしらと思って担当医に相談すると、まだちょっと……と言われた。しかし他の女医さんで山梨県の心臓内科の専門医の方が、

「大丈夫ですよ。私がみていますよ」

と助言されたので、安心して飛田給の研修会に出席した。このように同じ病院の医師でも、患者さんの容態《ようだい》については分からないことがあったり、食いちがいが起ったりすることもありうる。しかし担当者となると、万一のことを考えて、とかくひかえ目な判断をするのかも知れない。ラジオやテレビの天気予報やニュースでも、日本ではとかく「暗い」方を予測しやすいが、現実はそれよりも「明るい」のが通例なのである。

愛行の実践

こうして美佐保さんが研修会から帰って来ると、十一日が母親教室出講講師の勉強会、十三日には母親教室に出講、十五日は会長の改選の日だった。それらに出席して、彼女は県の民生委員もしていたので、午後は敬老会の仕事をし、十七日は誌友会に出講した。そして十八日はご主人の退院前の検査日である。

その時医師から「同意書を書いて下さい」と言われた。何となく退院について責任があるような感じだが、コレステロールが血管にたまっていたので、それを散らす処置をした、そのコレステロールの一部が脳に移動すると脳梗塞になるし、心臓に行けば又心筋梗塞になる可能性があるという。ところがそれがうまく行って、短時日に退院し、その後は何事もなく、ご主人は順潮に回復されたのであった。

病院ではそのような経過をビデオや写真で説明され、奇蹟的な回復であったという話である。ご主人は九年前から特志会員*に加入してもらっていたので、そのことも大いに関係したことだろうと彼女は思った。そしてこのような大病がきっかけとなり、その後ご主人は少しずつ生長の家の本を読むようになられたといって喜んで話をされた。

この実例のように、人生に起る様々の出来事の原因が何であり、将来どうなるかについては、分からないことも一杯あるだろう。しかし原則としてこの現象界には「心の法則」がある。それは「業《ごう》の法則」とも呼ばれるもので、「因縁果《いんねんか》の法則」である。即ち原因（因）があり、それに縁（助因）が加わって、結果（果）が生ずるという「法則」だ。その中の何が因で、何が縁で、その縁はいくつあるのかなどということは、分からない部分がとても沢山ある。ことに〝業《ごう》〟ということになると、本人の過去世の業や先祖の業も加わるから、とても現在意識で分かりうる範囲ではない。従って単に霊媒さんが、○○さんの霊のせいだというような言葉だけで正確というわけのものではない。それ故《ゆえ》そのような迷った霊を退散させるために何をどうせよとか、献金をいくらせよなどということになると、迷信と言わなければならないのである。

しかし唯《ただ》一つ「真理」を正しく自覚し、完全円満なる「絶対神」を信じ、善（神意《しんい》）なる愛行《あいぎょう》をなすという〝善業《ぜんごう》〟を積みさえすれば、〝善果《ぜんか》〟が得られるという法則は確実であるから、現象の一時的変化に引っかかることなく、どんな小さな善き行いでも、明るい心で、日々実行されることを心からおねがいしたいのである。

＊生長の家総本山＝長崎県西彼杵郡喰場郷一五六七にある。生長の家の各種の練成会や宗教行事が行われている。
＊教化部＝生長の家の地方における布教、伝道の拠点。
＊聖使命会＝生長の家の運動に賛同して、月々一定額の献資をする「生長の家聖使命会」のこと。
＊「大調和の神示」＝谷口雅春大聖師が昭和六年に霊感を得て書かれた言葉で、この全文は『甘露の法雨』『新編 聖光録』『御守護 神示集』（いずれも日本教文社刊）等に収録。この他に「『七つの灯台の

点灯者』の神示」は全部で三十三あり、全神示は、『新編 聖光録』『御守護 神示集』に収録されている。

＊母親教室＝生長の家白鳩会が、全国各地で開いている母親のための真理の勉強会。
＊『生命の實相』＝谷口雅春著。頭注版・全四十巻、愛蔵版・全二十巻。昭和七年発刊以来、累計千九百万部を超え、無数の人々に生きる喜びと希望とを与え続けている。日本教文社刊。
＊単位青年会＝地域の生長の家青年会。
＊ヤングミセス＝生長の家青年会に所属する既婚女性。
＊教化部長＝生長の家の各教区の布教・伝道等の責任者。
＊飛田給の本部練成道場＝東京都調布市飛田給二―三―一にある生長の家本部練成道場。毎月各種の練成会や宗教行事が行われている。
＊特志会員＝「生長の家聖使命会」の会員のうち、月額一万円以上を納入する人。

神の国を観る

無限次元の世界

とにかく人はどこまでも「明るく生きる」ことが大切である。何故《なぜ》なら、人は皆〝神の子〟であって、全《すべ》てのものが与えられずみだからだ。いのちも無限だし、才能も力も、幸福も豊かさも無限である。しかもそれらが「なくなる」ことがないのだから、こんな有難いことはない。ところがその実相《じっそう》に気付かず、現象世界というこの世の物質的側面ばかりを見ていると、不幸や、病気や、欠乏や、争いが目について、どうしても憂《ゆう》鬱《うつ》になってしまう。だから「物質世界は本物でない、影の世界だ」と知らなくてはならないのである。

御存知のように物質界は縦《たて》・横・厚みの三次元《じげん》世界だ。しかしこれは実在する世界ではない。実在界、即《すなわ》ち実相の「神の国」を三次元の尺度でとらえて、そのように感覚するだけの、「影の世界」なのである。例えば今部屋の中にいる人の姿を、障子《しょうじ》に映ったその人の影で見ると、とても不完全に見えるだろう。目も鼻もハッキリせず、色も黒っぽくて、ボーッとしている。それは〝三次元の肉体〟を〝二次元の影〟に映して見ているから、本物より一層不完全に見えるのだ。そのように、次元を一つ下げて、三次元を二次元にすると、もっと不完全になる。だから四次元を三次元に映しても（感覚しても）、四次元世界より一層不完全になるのである。

即ち今、縦・横・厚みの三次元に時間の尺度を加えて四次元の〝時空間《じくうかん》〟を考えると、時間の次元が一つ加わっただけ、より自由になり、ゆとりが出来るものだ。例えば、あるカメラを買おうと思って店に行ったところ、もう売れていて、在庫《ざいこ》がナイと言う。しかし問屋に注文すると、一週間後には入荷《にゅうか》するという場合を仮定しよう。カメラという三次元物体は今はないが、そこに時間（一週間）を加えて考えると、「手に入る」という自由を得るのだ。これが四次元世界の特徴《とくちょう》であり、このようにして四次元、五次元、六次元と次元を加え続けて、無限次元まで遡《さかのぼ》ると、無限に自由な世界、即ち「神の国」に達する。これが「実在」であり、「実相」であるということが出来るのである。

この実在界・神の国からみると、この物質界はその三次元的「影」の世界であるから、極《きわ》めて不完全なのは当然であろう。

この不完全さをより少なくするには、「実在界を心で観《み》ること」に熟達《じゅくたつ》するに限るのだ。するといかに物質世界が不完全で、限定され、悪条件に満たされているようでも、その条件を克服し、そこをうまく擦《す》り抜けて、自由自在な「安全領域《りょういき》」に達することが出来るのである。

自由なる世界

北海道赤平《あかびら》市新町末広団地六九に住んでおられる本田芳江さん（昭和三十九年七月生まれ）は、芦別《あしべつ》市で生まれたが、祖父母が生長の家を信仰しておられたので、両親もその信仰を受け継がれた。こうして芳江さんが生長の家の青年会の活動を始めたのは昭和六十三年、二十三歳の時だった。当時は結婚して、ご主人と四歳の知子《ともこ》ちゃんと、九ヵ月になる明子ちゃんの四人ぐらしだった。

最初知子ちゃんを妊娠して、四ヵ月の時、交通事故にあった。ある日芳江さんが車で道路を走っていると、道路脇の道路標識に激突し、その弾《はず》みで道路の急斜面から車ごと転落した。車は大破《たいは》したが、芳江さんの体はどこも異常なく、まったく無事だった。一応びっくりしたが、感謝の気持ちで一杯だった。しかし妊娠中だったから、その後は毎日聖経を誦《あ》げ、「完全な子供が生まれてくること」を心に描き、祈っていた。すると予定日が来たので、その日病院に行くと、そのまま分娩《ぶんべん》室に入れられ、約十五分でスルスルと安産した。お産とはこんなに楽なものかと思えたほどで、心から神様に感謝したのである。

　さらに二人目のお産の時は、平成四年の八月だったが、予定日が過ぎてもなかなか生まれない。最初の子の時のように、予定日ピッタシではない。このときも彼女は毎日聖経を誦げ、神想観をし、神様に全托《ぜんたく》して、前の子のように「安産が出来る」と確信していると、今度も十五分で生まれる大安産だったのである。こうしていまは家族四人とご主人の父母とが什一《じゅういち》会*員となり、芳江さん自身は生長の家青年会のヤングレディー対策部長*と光明実践委員*、また赤平《あかびら》の単青委員長*として大活躍しておられたのであった。

　このように祖父母の代から善業功徳《ぜんごうくどく》を積み、信仰を深めて行く人には、いざという時、〝高次元〟の自由と安楽とがごく自然にポッカリと現れてくるものであり、いわゆる「世間様の常識」を越えて、実相に近づいて行くのである。しかも実相はまた「自然」でもあるから、いわゆる「奇跡」の様相《ようそう》は呈《てい》しないのが普通だ。芳江さんの「安産」でも、これはごく「自然」のすがたであって、むしろ「難産」の方が不自然だろう。しかし人心《じんしん》が不安や恐怖に曇《くも》らされていると、肉体的にもその不安が「難産」などの形で現れて来たりする。それは神の子の本来の、即ち無限次元の自由闊達《かったつ》さが曇らされ、「お産などで苦しむ」という影の姿が出て来るのである。

神の子の世界

さらにまたこんな例もある。新潟市関屋金鉢山町《せきやかなばちやま》七六番地に住んでいる西川正江さん（昭和四十二年十月生まれ）は平成二年の二十三歳のとき結婚した。ご主人は紀夫《のりお》さんといって、鍼灸師《しんきゅう》だ。鍼灸の免許をもっていたので、二人は田舎《いなか》から飛び出して、親類も誰もいない新潟市にやってきた。最初はマンションの一室を借りて、そこで小さな治療院と夫婦生活をしていたが、少しずつ力もつき、お客さんも沢山《たくさん》くるようになった。すると手狭《てぜま》になったので、もっと広くもっときれいな所で仕事をしたいと思い始めたのである。これは誰でも、どんな仕事の人でも、最初のころよく経験するところである。

そこで平成五年の年頭、西川夫妻は三つの願いをたてた。一つは今年中に、もっと広い仕事場を持ち、そこで仕事をすること。二つはその治療院を作るために、それに必要なお金をためること。三つ目は、今年こそ二人の間にかわいい赤ちゃんが授《さず》かりますように、という願いであった。

するとその後、ふとしたことで生長の家の栄える会の阿部先生ご夫妻に出あい、わざわざ西川さんの家まで来て生長の家のお話をして下さった。こうして西川さんは人間の実相の素晴らしさを知り、「心の思いがこの人生を作る」という〝心の法則〟を知ったのだ。

「なんてすばらしい教えだろう」

と思って一遍《いっぺん》で感激した。今までの西川夫妻はただ闇雲《やみくも》に一所懸命《いっしょけんめい》に努力してきただけだったが、何かお金のことにこだわって、変な方向に行くのではないかという不安が付きまとっていた。ところが生長の家では、まず人間の実相が「神の子・完全円満」であることを自覚し、その上に立って「心の思い描くこと」によって素晴らしい現実世界を実現することが人生の喜びであることを知ったので、嬉《うれ》しくてたまらなかった。

そこで度々《たびたび》生長の家の話を聞きに行くことにしたが、幸い西川さんのマンションが生長の家の教化部から車で五分のところだったので、それからは夫婦二人で毎朝神想観の会に通い始めたのである。こうして何の不安もなく、毎日明るく楽しく働いていると、ある日いま部屋を借りている大家《おおや》さんから、電話がかかってきた。

「西川さんはそちらの部屋で仕事をして、もう三年目になるけど、もうそろそろもっと広いところで仕事をしてはどうですか。実はあなたがたの今住んでいるマンションの一階にある、もっと広いお店用の部屋が空《あ》いているのだが、西川さん、そこで仕事をしたらどうですか。私はあなたがたに是非《ぜひ》使ってもらいたいのです……」

すでに与えられている

これは願ってもない朗報《ろうほう》だったので、二人は思わず抱き合って喜んだ。しかしそれも束《つか》の間《ま》、ハッと気がつくと、まだそこを借りるだけのお金がない。これから一所懸命働いて、十二月になったら入れるかどうか、といったところだった。

「どうしよう？……」

と思ったが、

「ほら、生長の家では無限供給《きょうきゅう》って言うじゃないか。〝もう既《すで》に与えられているんだ〟と祈ることだ」

と気がつき、それからはさらに熱心に毎朝の神想観に励《はげ》むようになった。そうして毎日の仕事を明るくやっていると、また大家さんから電話がかかって来た。

「西川さん、あの話はどうですか。考えてくれましたか？　西川さんは何も心配しなくていいんですよ。床《ゆか》も、天井も、ガラスだって、皆私がきれいにしてあげるんで、お前さんがたは、ただ荷物をもって、上から下に降りるだけでいいんですよ」

と言う。そこで又またビックリした。なんと、もう全てがチャンと与えられていたのである。それは人間が神の子だという実相から出てきたところの現実であって、ちょうど霧がかかって今は何も見えないけれども、やがて霧が晴れると、既にあった美しい町がぽっかりと現れてくるようなものだ。ところが多くの人々は実相の完全円満を観《み》る神想観をやらないから、「心の霧が晴れない」のだ。何もない所へ、お金を儲《もう》けてから、やっとこさと何かを買うのだと思って、「お金、お金」とお金の方を第一に考える。するといろいろの障害がでてきて、「既にあるもの」がスッと出て来なくなるのである。

けれども西川さん夫婦は、明るく素直に、言われるまま神想観をして実相を心に描いた。すると次第に心の霧が晴れて来て、既にあるすばらしい部屋が眼下《がんか》にポカリと現れて来たのである。これがまさに無限供給だ。二人の通帳にはお金の金額はほとんど書いてないが、新しい部屋はこうして与えられたのであった。六月の末の土曜日と日曜日には西川さんたちの両親が手伝いに来て下さり、次の週からは新しい治療院を開く事ができたのである。

そのうえ三番目の願いだった赤ちゃんも、新潟市で講習会の行われた六月二十三日のちょうど前日に、彼女のおなかの中で赤ちゃんの動きが確認されたということであった。これは西川さん夫妻が平成五年の三月、生長の家にふれてから授かった子供なので、もう既に「すばらしい子供だ」と確信している様子だった。さらにまたご主人の紀夫さんは仕事の上での感謝について、こう話していた。

彼は今までたまには親に感謝したこともあったが、先祖に感謝するということはなかったのである。これは青年にはとかくありがちなことだが、樹木《じゅもく》には水や肥料を上げないとよい実が実《みの》らないのと同じように、ご先祖に感謝することを怠《おこた》ると、子孫の実がうまく実らない。それは〝命の系列〟のようなものが目に見えないために、そんなものはないと思い込むこと、それはあたかも霧に隠れて見えない町が「ない」と思い込む愚《おろ》かな物質主義者たちの陥《おちい》りがちな短見《たんけん》となるからである。

しかし紀夫さんは生長の家の教化部に通い始めたから、自分たちが今ここに生きているのはご先祖様あってのことだとすぐ分かり、感謝するようになった。すると今まで苦手《にがて》だと思われた人にも、会って話しながら心で「ありがとうございます」と称《とな》えていると、どんな人でもクルッと態度が変わり、心の中まで打ち明けてくれるようになった。すると何もかもがうれしくてたまらない。こうして人はみな神の子で、すべての宝を与えられ済《ず》みであることを確信でき、「心がワクワクとして燃えているのです」と話しておられたのである。

幼児《おさなご》の如《ごと》く

このように人は素直に明るく感謝すれば、だれでも愛され、守られ、与えられ、明るく、豊かになれるのである。それは学問があるかないかによるのでもなく、家柄《いえがら》がすばらしいとか、財産が有《あ》るかないかによるのでもない。資産家《しさんか》の家に生まれて、大学も出て、立派な政治家になっても、神を知らず、神意《しんい》にもとることをして、辱《はずかし》めを受けている人も沢山いる。宗教団体でも金儲《もう》けの商売をして、大いに軽蔑《けいべつ》され、悪業《あくごう》の報《むく》いを将来において約束されている人々もいるようである。

幼児《おさなご》には学歴や、財産や、知識がないかも知れないが、ただ素直に喜んで、ニコニコ

として機嫌《きげん》がよいから、皆から愛され、守られる。それゆえイエス・キリストは弟子たちから、

「天国で大《おお》いなるものとは、どんな人でしょうか」

と聴《き》かれたとき、このように教えられたと、マタイ伝十八章には書かれている。

『イエス幼児《おさなご》を呼び、彼らの中に置きて言い給《たま》う、「まことに汝《なんじ》らに告《つ》ぐ、もし汝ら翻《ひるが》えりて幼児《おさなご》の如《ごと》くならずば、天国に入《い》るを得《え》じ。されば誰《たれ》にても此《こ》の幼児のごとく己《おのれ》を卑《ひく》うする者は、これ天国にて大《おおい》なる者なり。また我《わ》が名《な》のために、斯《かく》のごとき一人の幼児を受《う》くる者は、我《われ》を受くるなり。然《さ》れど我《われ》を信ずる此《こ》の小《ちい》さき者の一人《ひとり》を躓《つまず》かする者は、寧《むし》ろ大《おおい》なる碾臼《ひきうす》を頸《くび》に懸《か》けられ、海の深処《ふかみ》に沈められんかた益《えき》なり。(中略)』

ここに言う「幼児」とは「己を卑《ひく》うする者」である。即《すなわ》ち自我《じが》を張らず、体裁《ていさい》ぶらず、そのまま明るく素直に生きる人のことであって、

「わたしのようなつまらぬ卑《いや》しい者が」

といつも引っ込んで、かがんで、ヘイコラしている者や、肉体が幼い者の事ではない。

このような「幼児」を「すばらしい」と認めて、引き上げて、愛護するものは「我《われ》を受くるなり」すなわち「神意に叶《かな》う者だ」というのである。

この素直な明るい人を躓《つまず》かせ、だまし、うらぎるものは、ひどい悪運に陥るであろうと、イエスはさらに警告を発しておられるのである。この物質世界は不完全で、いろいろの失敗や蹉跌《さてつ》がある。中には人を失敗させようとたくらむ者もいる。

『（中略）されど躓物《つまずき》を来《きた》らする人は禍害《わざわい》なるかな。もし汝の手、または足、なんじを躓かせば、切りて棄《す》てよ。不具《かたわ》または蹇跛《あしなえ》にて生命《いのち》に入《い》るは、両手・両足ありて永遠《とこしえ》の火に投げ入れらるるよりも勝《まさ》るなり。もし汝の眼《め》、なんじを躓かせば抜きて棄てよ。片眼にて生命《いのち》に入るは、両眼《りょうめ》ありて火のゲヘナ*に投げ入れらるるよりも勝《まさ》るなり。汝ら慎《つつし》みて此《こ》の小さき者の一人をも侮《あなど》るな。我なんじらに告ぐ、彼らの御使たちは天にありて、天にいます我が父の御顔《みかお》を常に見るなり。』

「我《わ》が父の御顔を常に見る」とは「神と神の国を観る」〝神想観をするもの〟ということであって、「この目を治してください」とか、「この手がうまく曲がりますように」といったような「病気治し」や「お金儲け」を第一にする者のことではない。「幼児」とは、そんな肉体主義者のことでもなく、物質主義者でもないぞと、厳しく教えておられるのである。

＊什一会員＝「生長の家聖使命会」の会員のうち、月額一口千円以上を納入する人。
＊ヤングレディー対策部長＝現在は、ヤングミセス活動対策部長と呼称。
＊光明実践委員＝生長の家の青年講師。
＊単青委員長＝単位青年会委員長の略称。
＊生長の家の栄える会＝生長の家栄える会。生長の家の経済人の組織。
＊ゲヘナ＝地獄。

「神の子」の自覚を

「神の国」とは何か

生長の家では「神が一切のものの造《つく》り主《ぬし》である」と説いている。それ故、前述の如く「神」以外の動植物も、悪人も悪魔も、いないのである。ところが現実にはドロボーもいるし、悪い事をする人もいる。これは〝現象界〟と言って、「神の国」の〝実在界〟〝実相世界〟の完全円満大調和を見たり聞いたりしているのではないからだ。

大体、見るとか聞くとかというのは、限られている世界を見聞するだけであって、〝無限に遠い所〟は見えないし、聞くといってもある範囲の音波《おんぱ》ばかりしか聞えない。だから〝現象界〟は「神の国」ではないのである。そして又この〝現象界〟でも、さらにこれを「一部分」だけに限って見たり聞いたりしていると、ますます「無限の世界」「実在界の真理」なども分からなくなってしまうのである。

例えば現代はいろいろのメディアが発達して来たので、コンピューターによる情報の交流も進んできている。しかし「パソコンを使わない人」などには、このような情報は直接伝わらない。さらに新聞や書物でも、大変沢山発行されているが、それらをあまり読まない人たちには、そうした活字情報も伝わらない。伝わらないからナイのかというと、そういう訳でもないのである。

しかもそうした間接的な情報は、それを伝える記述者によって、少しばかり変化してくるから、悪意をもって伝えると、どうしてもその情報が悪く聞えてくるし、善意で伝えると、その相手の人が善人らしく伝わるものである。

そこで「神の国」とか「実在界」を伝えたいと思っても、なかなか正確に伝わらず、誤解されたりしたりすることがある。しかも「言葉」には同じコトバでもいろいろの意味があって、「心」という言葉を以て神様のことを伝えることもあるし、迷い心とか悪い心などと〝現象世界〟を伝えることもある。そこで『甘露の法雨』の冒頭には、

『創造の神は……宇宙を貫《つらぬ》く心……』

とあるが、さらに進むと、

『万物はこれ神のコトバ、すべてはこれ霊、すべてはこれ心、物質にて成るもの一つもなし』

と記されている。これらは全て実相世界のことなのである。

「神の子」について

ところで私は平成十四年六月十四日に、東京都に住むF子さんという人からの次のような手紙を受けとった。このF子さんからは、以前にも何回か手紙や葉書を頂いたが、〝観音経〟についての立派なご本も贈られたことがあった。

『合掌有難うございます。

質問がありますので書かしていただきます。去年か今年の「理想世界」ジュニアに動物は神の子ではないと清超先生がお書きになっておられましたが雅春先生の「甘露の法雨講義*」(2)のBのテープにへびとかえるは神の子といわれました。

早く手紙を出したかったんですが、ジュニアがどこへいったか分からなかったので遅くなりました。どちらが正しいのかお返事下さいませ。先生もお忙しくておられますが、どうぞよろしくお願いします。再拝』

そこで早速私が何をどう書いたのか、と調べてみると、平成十三年の『理想世界ジュニア版』四月号＊にこう書いてあった。（二十一頁）

『それでは、この世の一切の動植物を「神の子」といってよいかというと、そうでもない。普通は人間だけを「神の子」といい、石や木や犬や猿を神の子とは言わない。なぜかというと、人はみな「神様」とか「仏様」とかの意味が分かるが、石や犬にはそれが分からないからである。……しかし、人間をとくに「神の子」というのは、人間だけが「神」を知っているからである。無神論者でも「神はいない」とか言って、「神」という〝概念〟を心に思うことができるだろう。ところが、犬や猫にはそれができない。そのような知性があらわれていないから、強《し》いて「神の子」とはいわず、特別の時には「神の子」ということもある、というだけである。』

この最後のあたりの文章をＦ子さんはとばして「動物は神の子ではないと清超先生がお書きになっておられましたが……」と書いておられるから、私の真意が伝わらなかったのであろう。つまり同じ「神の子」と言っても、人間だけで、他の動物は「神の子でない」というのではなく、そこには〝特別の時は「神の子」ともいうことがある〟というように書いてあるのであって、谷口雅春先生が書いておられる内容に違反している訳ではない。
　そこで私は雅春先生のお話しになった『甘露の法雨講義』(2)—Bのテープを聞き、さらに『新講「甘露の法雨」解釋』*というご著書（昭和50年11月22日初版発行）を読んでみた。すると六十六頁の「蛇は本來蛙を喰はない」という小見出しで、大東亜戦争以前に上海《シャンハイ》から帰国した野村耕作さんの話された体験談が紹介されていた。（以下原文のママ）
『或る日の事、野村耕作君がその鳥潟療養所のお庭を散歩してをりますと、蛇が出て來て蛙を呑んでゐるのであります。野村君はそれを見た時に、「ああ可哀相だ」と思つたのです。蛇と蛙とは可哀相だなあと思つて「神想観」をされた。どういふふうに思念されたかと言ひますと、
「蛇と蛙とは争つて、喰ひ合つてゐるやうに見えてゐるけれども、それは唯〝心の影〟である。實相は蛇と蛙とは、共に神の子であるから、互ひに相食む事なく仲好くしてゐるのが實相であつて、實相の他は何もないのである。現象は假の姿であつて、假の姿は虚《きよ》の姿であつて、さう見えてゐるけれども、そんなものは無いのである。無いものは如《い》何《か》に見えてもないのである。既に蛇と蛙とは完全に仲直りして仲好く生活してをつて、

互ひに傷つけ合ふといふ事は無いのである。すべての生物は互ひに生かし合ひであつて、それのみが實相である。實相のみが實在である……」

現象の否定と實相の肯定と

大體このやうに、じつと二十分間ほど念じられたのであります。その念じ方は、肉眼の目をもつて見ないので、心の目でその有様をじーつと觀じるのであります。かういふ念じ方は覺えて置いていたゞくといいですね。これはもう蛇と蛙だけの爭ひを直す事だけではなく、病人を癒すのでも同じ事であります。それには「現象の存在の否定」「實相のみの存在の肯定」とが使はれてゐることに注意していたゞきたいのであります。「黴菌と人間とは互ひに喰ひ合ふやうに見えてをるけれども、そんなものは現象であつて、現象は假の姿である。假の姿は虚の姿である。虚の姿は在《あ》るやうに見えても無いのである」――といふやうに念ずるのが「現象の否定」であります。そして「たゞ在るものは〝實相〟だけである。〝實相〟は神の子である。黴菌も神の子である。人間も神の子である。神の子と神の子とは仲好くもう互ひに冒《をか》すことなく、既に仲好く生活してゐるのである。これが本當の姿である」、かういふやうな意味を深く念じてその有様を心に描い

てじーつと心の眼で見つめるのであります。これが「實相のみの存在の肯定」でありま
す。一言一句ちがふことなくその通り念じなければならないといふ事はないのでありま
す。本當に實相のみ獨在することを如實に知り念ずることが必要であります。』（六十七
頁―六十八頁）

つまり蛇《へび》も蛙《かえる》もバイキンも、皆「神の子」であると念じてもよいが、「一言一句ちが
うことなくその通り念じなければならないという事はない」と、断っておられる如くで
ある。しかし心をこめて「神の子」として拝むという意味は、例えば普通の植木でも、
「わが子の如く思って拝む」ということがある。するとその木はスクスクと丈夫に育つと
か、金魚でも「お前は美しいね」といって毎日「わが子」のように話しかけて育てる
と、美しくなって行くという体験はいろいろとあるものだ。

だからそうやって救ったり、育てたりすることは有意義である。しかしいつも金魚を
「神の子」としてよいかというと、そういうことではない。「金魚の子は金魚である」と
いうのは、やはり「神の子は神である」と同じだから、金魚も神の子で、人と金魚とは
同格であり、「人と金魚と同じ待遇《たいぐう》をすべきである」とはならないように、そこには一定
の節度があるのが当然であろう。だから人間でない金魚などは〝神の被造物《ひぞうぶつ》〟ともい

う。そこで人は生れ変って蛙や金魚になることはなく、金魚や蛙が現世に生れてきて人間になるということもない。しかし人の子はどこに生れ出ても人の子となるのであって、金魚や蛙にならないのが当り前なのだ。

蛇はつひに蛙を拋棄した

『さて、話はもとにかへりまして、野村耕作君が、このやうに論理的思念法をやりまして、「蛇と蛙とは爭つてゐるやうだけれども、蛇も蛙も互ひに神の子の兄弟であるから爭つてゐる姿は本來無いのである。既にこの兩者は互ひに冒し合はず仲が好いのである」といふ意味を、じーつと二十分ばかり觀じられたのであります。さうしてやがて目を開いて御覽になりますと、蛇が半分ばかり呑んでをつたその蛙を吐き出して、再び蛙を害することなく、蛇がのそ〳〵とあちらの方へ去つて行くところであつたといふのでありますす。しかしながら可哀相に蛙は、蛇の毒氣に當てられたものでせうか、其處に、へたばつて踏みつけられたやうな恰好《かつかう》で倒れてをつたのであります。野村耕作君は、「ああ可哀相だ」と思ひまして、その蛙を自分の左の掌《てのひら》へ乘せて、その上から、もう一方の掌で包むやうに、はさんで、眼をつぶつて、「この蛙も神の子であつて完全な生命である。

たとひ蛇に傷つけられたやうに見えても、傷つけられたのは虚《うそ》である。もう既に健全であつてどこにも傷もなければ、毒氣に當てられた事もないのである」と蛙の完全な實相をじーつと御覽になつたのであります。さうして十分間ばかりして掌を開いて御覽になると、既に氣絶してをつたその蛙が動いてゐるのであります。それで、野村さんは芝生の上に蛙をにがしてあげられた。蛙は野村さんにお禮を言つたかどうかは知らないけれども、ともかくのそのそとあちらの方へ逃げて行つたと言はれたのであります。』（七十頁―七十一頁）

癌などのとき

この引用文の実例のように、生き物のいのちを大切にしようという「愛の心」は、とても大切である。そこに「神の愛」が現れているのだが、現象界ではそれだけで〝愛の完成〟というわけには行かない。何故なら、現象の生物は、何かを食べなければ生きて行けないからであり、この蛇は次に何を食べるべきか――ということになるからだ。

しかしこの体験例は、少なくとも「祈りは通じた」ということになるし、野村君の見た悲惨な食い合いの世界は消えて行ったのである。病気にしても「神の国」にはそんなものはナイ。だから真剣に「神のみ実在する」ところの「実相世界」を観ずる「神想観」を実行していると、病気という不完全な現象が消えてしまい、健康になるという実例はいくらでも出てくるのである。

例えば、人が癌になったという場合でも、これは必ずしも黴菌《ばいきん》によって起るものではなく、われわれの肉体細胞の正常な新陳代謝《しんちんたいしや》が狂ってきたから起るものだ。大体全ての肉体細胞は新陳代謝をして、新しい細胞が古い細胞と入れ替り、古い細胞は次第に老化して、やがて死滅して行くという生命現象を現す。つまり現象界には生と死が繰り返されるのだが、癌細胞はその流れが変化して、死滅しない状態が続いて行く。そして普通はどんどん増大するから、ふくらんで来て増大するばかりで、他の細胞を破壊してしまう。こうして「自己主張」ばかりをやっているうちに、その臓器全体が死滅に向かうのである。従ってなかなか治りにくい。だから昔は「癌は治らない」と言われていたが、最近は「治る」と言われるようにもなってきた。例えば手術で取り去ったり、増大がゆっくりとなったり止まったりする。こうしてその治り方にもいろいろあるものだ。

平成十四年六月初旬に、北海道の札幌市の教化部で「特別練成会」*が行われた。私は九日の午前九時半から十二時半までの出講を受け持って、その前日に札幌のホテルに着いた。すると次の九日に、氏家《うじいえ》よし子さん（昭和十四年十月生まれ）という方が、次のような体験を話されたのである。

よし子さんは野付郡別海町西春別駅前寿町《のつけぐんべつかいちょうにししゅんべつえきまえことぶきちょう》に住んでおられる人だが、平成十二年の秋ごろから身体に異状を感じだした。そのうちに年が明けて、十三年一月九日に、やっと家族や妹さんに付きそわれて、釧路市の赤十字病院に行って診察を受けた。するとドクターは、

「卵巣《らんそう》に水が溜《たま》ってますね。大きな手術になりますよ。二回切ります。そして一ヵ月の入院を要します。退院してからも、ずっと投薬します。抗癌剤を使いますよ……」

と言われた。それまでよし子さんはひどく瘦《や》せていたので、もしかしたらガンかしら、と思っていたので、抗癌剤を使うと言われたので、あらためて「アア、ガンなんだ！」と思ったのである。

夢を見る

よし子さんは一月十五日に入院するようにと言われ、家族に付きそわれて帰宅した。帰る途中にいろいろと考え悩んだ。そのころ廣一さんというご主人も身体がとても弱っ

ていたので、手術のために家を永く空けるのも不安だったからだ。

するとその時、車の中で「神」という文字が浮かんできた。そして「ああ、私には神様の道があるんだ」と気がついた。というのは彼女は平成二年の三月から「生長の家」に入信して、白鳩会に入り、支部長となり、地方講師もしておられたからである。そこで、「もう一度、一からやり直してみよう。それでも駄目だったら、あきらめよう」と思いつつ帰って来た。

さて帰宅すると、以前地方講師になる勉強をした時取り寄せていた資料を出してしらべてみた。するとその中に、「神様の世界には、病気はない。だからそれを治す薬もない……」と書いたのを見つけた。これだと思って、あとは『生命の實相』の中を見て、この真理こそ全てだと思い、一心に「生長の家」の説く真理を学ぼうと思いながらその夜は眠った。

するとそのとき不思議な夢を見たのである。それは、一方のスキーに夫が前になりよし子さんが後ろになって、夫のズボンにしっかりとつかまって、スイスイ、スイスイと辷《すべ》る夢だった。目がさめると、不思議だなと、何だかあったかい感じがした。

そのころよし子さんは、廣一さんに対して「どうしても赦《ゆる》せない」と思うことがあった。こうした夫婦の心の中のカタマリが、肉体に現れてくると、子宮《しきゅう》や卵巣や、その他泌尿器《ひにょうき》系統の病気として具象化《ぐしょうか》するものである。そんなことも学んだことがあったと思い出した。

そこでよし子さんは「和解の祈り」をしたが、どうしても心の中までその祈りが深まって行かない。そんな時、長女さんも「生長の家」が大好きで、北見教区で「生長の家」をやっていたので、

「母さん、母さんの気持は分かるけど、父さんを赦したら……」

と助言してくれた。娘さんも父母のことをひどく心配しておられたのである。そのような時、幸いにも前白鳩会連合会長*だった村井さんからお電話がかかった。そして、「団体参拝練成会で総本山へお参りするんだけど、氏家さんも一緒に行ってみないかい」とさそわれた。

その時よし子さんは、今までの自分の身体の様子を打ちあけたのである。すると、

「大変だったね。何も知らないで……大事にするんですよ。総本山に行ったら、〝神癒祈願《しんゆきがん》〟*を出してきてあげるね」

と、とても深い愛の心で話して下さったのである。だからこのような時は、生長の家

の先輩の方や信頼する先生方に、早く打ちあけて、多くの方々の心からなる愛念をうけ、自分自身も本来の「神の子」の心を現し出すような、明るい信仰生活に立ち直ることがとても肝要である。

生かされているいのち

さらにその後も村井さんからいつも励まされて、とても嬉しかった。そうしているうちに地区で「祈り合いの神想観」が行われたが、その時も神癒祈願をしてもらい、とてもありがたく、心が楽になり、彼女は『甘露の法雨』の読誦や「神想観」の実修をずっと続けていた。

また釧路教区で出している『世界乃燈台』という月刊紙の中に、「蟻《あり》を探して、象《ぞう》を見逃す」という文章があったのを何度も拝読した。『生命の實相』のご文章も熟読した。するとその時、

「私は大生命なる神様に守られて生かされているいのちなんだ」

という点に気がついて、それ以後不安は消えてしまった。そしていよいよ十月になり、ご主人がかなり弱っていたが、白鳩会の教区大会が行われたので、何とかして教区

大会に出席したいと思っていた。しかしご主人が中なか行ってもよいと返事をして下さらない。

ところが十月十四日の朝早く、実父が百二歳になって健康だったのに、骨を折ったのでその手術をすると釧路の市立病院から言われた。ドクターからは、

「高齢だから麻酔をして手術をするが、そのときスッと息を引き取ることがある」

と言われたと妹さんから知らされた。そこで今日（十四日）皆で集まろうということになった。よし子さんも来ないかと誘われたので、そのことをご主人に話した。すると、

「釧路に行ってよいよ」

と、やっと返事をしてくれた。そこでよし子さんは午前中に釧路に行って教区大会に参加し、午後から父の入院した病院を見舞うことが出来たのだ。その時新しく交替された白鳩会連合会長さんにあいさつをした。すると次の日に会長さんから電話があり、「流産児の赤ちゃんを霊宮《れいぐう》聖使命会員*にする手続きをなさい」とすすめて下さった。そこでよし子さんはすぐその手続きをした。

そのころのよし子さんのお腹《なか》は、三人ぐらいの赤ちゃんが入っているくらいふくらん

でいて、身体はひどく痩せていた。しかしご主人が弱っておられたので、先ず別海の町立病院に入院させ、次によし子さんは身の廻《まわ》りを整えて、十月三十一日に同じ別海の町立病院で診察を受けた。すると早速手術をすることになり、五日に入院、七日に手術をうけた。その結果は大変良好で、抗癌剤など一切薬もいらず、二週間後に退院することができた。そしてその後の定期検査でもいつも「異状なし」と言われた。

手術がすんだあと連合会長さんと事務局長さんが見舞に来られ、丁度《ちょうど》手術の行われた時間に、教化部長をはじめ白鳩会の幹部さん一同がよし子さんのためにお祈りして下さったという話をされた。

その手術後よし子さんは二週間で退院され、順潮《じゅんちょう》に健康体となり、今後はこのみ教えを多くの人々にお伝えしたいと、その強い決意を述べられたのであった。このように本人自身の「神の子」の自覚の深化と共に、同じ信仰を持つ多くの方々の愛深い祈りは、実相世界の完全さを現実世界に現し出す強力な働きをするものだと言うことが出来る。さらに又、ご主人の廣一さんも元気になられ、今は毎日体操に通うようになられたということであった。

＊「甘露の法雨講義」＝聖経『甘露の法雨』の一言一句について詳しく説かれた講話集。カセットテープ版（全八巻）とCD版（全七枚）がある。世界聖典普及協会制作。
＊平成十三年の『理想世界ジュニア版』四月号＝同誌に掲載された著者の論文「なぜ『神の子』か」は、現在、単行本『輝く未来が待っている』（日本教文社刊）に収録されている。本書に引用された文章は、二〇一～二〇二頁。
＊『新講「甘露の法雨」解釋』＝詩文抜粋による聖経『甘露の法雨』の重点講義。日本教文社刊。
＊「特別練成会」＝生長の家総裁・谷口清超先生ご指導の練成会。現在、国内五ヵ所の本部直轄練成道場（本部練成道場、宇治別格本山、富士河口湖練成道場、ゆには練成道場、松陰練成道場）と札幌教化部の計六ヵ所で年一回ずつ行われている。
＊神癒祈願＝神の癒しによって問題が解決するように祈ってもらうこと。生長の家本部、総本山、宇治別格本山、本部練成道場などで受け付けている。
＊白鳩会連合会長＝生長の家白鳩会の各教区の教区連合会の長。
＊霊宮聖使命会員＝生前聖使命会員であった御霊のために、遺族が本人に代わって霊宮聖使命会費を継続納入する場合、霊宮聖使命会員として、生長の家宇治別格本山の宝蔵神社に祭祀される。また、生前に聖使命会員でなかった御霊も、遺族の申し込みにより祭祀することができる。

第二章

唯心所現の世界

思った通りになる

本当かしら？

私たちの心は、いろいろのことを思うものだ。すると「その通りになる」ことが多い。たとえば、「水がのみたい」と思うと、水がのめるし、「外出したい」と思うと、普通の人なら外出できる。しかし時には「思い通りにならない」こともあるだろう。水なんかどこにもないような砂漠《さばく》にいたときとか、外出できないような部屋に閉じこめられた時とか、そんなこともあるだろう。時には「○○大学に入りたい」と思っても、試験が難しくて中なか入学できないという人もいるかも知れない。

だから「誰でも、いつでも思った通りになる」というと、ウソのように思うかも知れない。しかしそれは「今すぐ思ったようになる」とか、近いうちに思ったようになるとか、十年以内にそうなるとかと、時間を限っているからだ。しかしもし時間や日数を全く考えなかったら、思うようになり、思った通りになることに、ほとんど近づくだろう。

例えば男として生まれた人が、「女になりたい」と思っても、スグには不可能だし、当分望みはない。しかしもし人間が死んでも、次にまた〝生れ変りがある〟とするならば、次の人生で女に生まれることはありうるだろう。

そんなに永い間待たなくても、例えば「〇〇大学に入りたい」というくらいなら、一年後か二年後かには、入学試験に合格して、入学できるだろうし、さらに「何回でも受験する気持だ」というなら、入学できる可能性が大いにある。

さらにもっと永い時間をかけて「〇〇大学に入りたい」と思うなら、〇〇大学の夜間部に入るとか、聴講生になるとかという方法もある。しかしそれほど〇〇大学に入ることにこだわるよりは、別の△△大学に変更することの方が一般的であり、おすすめできる方法だ。その上、人の思いは次第に変わっていくから、「もうヤーメタ」となることもある。そして「やめよう」と思う考えも「思った通りになる」から、やりやすい「思い」の方が「その思う通りになる」のである。

運命とプラス・マイナス

そもそも人の運命は、結局その人自身の「思い」で作られてゆく。しかしその思いは、ちょっとだけ思うというのでは実現しない。例えば「外出したい」と思っても、そう思うだけでスーッと外に出られるのではなく、靴をはいたり、玄関まで歩いたり、戸を開けたりして、一応やるべきことをやるという「行動」が必要だ。水を飲むのだって、水道か井戸か、とにかく水のあるところへ行くという「行動」が必要である。

時には「水を下さい」とたのむこともある。これらはみな「思うこと」と同じくらい大切なことで、「三業《さんごう》」の中の三つである。即《すなわ》ち、身《しん》（行動）・口《く》（言葉でいう）・意《い》（心で思う）の三つが一つになって働くので、これらをひっくるめてコトバ（行）と言ったりする。そしてその行《ぎょう》が重なって業《ごう》と言われるから、「三業」というのだ。

人生はこの「三業」で作られるから、これをもっとも易《やさ》しく言いかえると「思う通りになる」とか、「思った通りになる」と言ってもよいだろう。しかも人の心は、表面に現れている心即ち「現在意識」と、奥にかくれている心「潜在意識」があって、「潜在意識」の方は意識されていない心だから、「無意識」ともいう。

よく「フトそうしてしまった」とか、「思いがけず偶然にこうなった」とか言うが、これも潜在意識という隠《かく》れた心の思う通りになった場合だし、潜在意識のさらに奥には人類に共通した「人類意識」と言われるものもあるから、人は誰でも「生きたい」とか「死にたくない」という思いを持っているし、さらに他の動物や植物でも、本能的にそう「思っている」といってもよい。さらにその奥に「超絶意識」という「神の心」があると言うのである。

そこで「生きたい」という思いは、誰にでもあるから「助けたい」という思いも、その〝対極〟として出てくる。だから人が水におぼれて死にかかっていると、それを見た人は「助けたい」と思うのが当然で、これが当り前の心である。〝対極〟というのは電池の＋に対して－の働きのようなもので、この働きは宇宙にみちみちている。だから火水《かみ》というようにも言って、神《かみ》（火水）の働きとして宇宙にみちあふれているので、「道《みち》」ともいうのである。

人は神様というと、何となく人格的な神様を考え、智慧《ちえ》と愛との結合のように思うが、その智慧の部分には火水、即ちプラスとマイナスの原理がこめられている。だから物質世界でも、原子核（＋）と電子（－）とから出来上がっているとか、恒星としての太陽（＋）と地球（－）などの惑星とから出来た大宇宙が観測されるのだ。

　この「＋」の働きは心では「与える心」となり、「－」の心は「受ける心」となる。だから人にはみな「与える心」があり、「受ける心」もある。第一「与える」といっても「受ける人」がいないと、与えられないだろう。だから「与える心」と「受ける心」とは両方とも大切なのである。

　例えば満員電車の中で、老人や身体の不自由な人を見ると「席を与えたい」と思って、譲《ゆず》るのが当り前の心、即ち神の心なのである。その心は誰にでもある。しかしいざ「どうぞ……」と言って席を譲っても、「ありがとう」とお礼を言って受けてくれないと、譲る心が完了しない。

　時には、「いやよろしい、私はまだ若い」などと言って、受けてくれない人がいるが、これは「神様のみ心」即ち当り前の心に反している。だから「ありがとう」といって、素直に受けるのがよい。それどころか、どんなに弱った人がいても、座席を二人前もぶんどって、脇に荷物なんか置いて、「オレが先に坐《すわ》ったんだぞ」というような「奪う心」でいるのは、よくない心である。

善悪について

このようにして、現象世界には善と悪とが現れてくる。しかしどんな悪人でも、人のものを盗《と》ったりする人でも、本当は善《よ》い心が中に隠れている。だから、「悪いことをしている」と気がついている。善い心を隠している、包んでいるので、罪人《つみびと》ともいう。だから罪人たちはみな、自分の悪い心を、潜在意識では否定し、審《さば》いていると言えるのである。だから悪いことをしていると、それがついにバレて、処罰《しょばつ》されるのだ。

処罰されないで、うまいこと逃げたり、隠れたり、ゴマカシたりしていても、自分の中の隠れている「善い心」がそれを知っていて、〝自己処罰〟というのをやる。つまり自分で自分を処罰する。〝かくれた心〟がその思い通りに働くから、事故にあったり、病気になったりして、自分で自分を処罰するのである。

よく泥坊《どろぼう》をしてすぐつかまる人と、そうではなくていくらでも泥坊して、とうとう達人《たつじん》の境に達した大泥坊もいるが、早く捕まって処罰された方がよい。それは罰せられることによって、隠されていた善い心がムクムクと出てきて、「悪かった、もう致しません」と反省するからである。

しかしこれは神様がいちいち処罰されるのではない。神様はすでに「善い心」の人間、即ち「神の子・人間」を造って下さっているから、その「神の子」の本心が出て来た（現れてきた）という訳である。だからちょっと万引をしただけで、すぐ見つかって叱《しか》られる方が、見つからずに万引の名人となり、さらに泥坊になって行くよりは、よっぽどよいのである。

だから悪い事を思いついて、その思い通りになるよりは、「思い通りにならなかった」といって悲観する必要は全くない。むしろその方が「隠れていた善い心の思うようになった」のだから「よかった」ということになる。従って「思う」というとき、「何をどう思うのか」が大切で、善いことや、ためになることなどは、どんどん思い、行い、楽しみながら生活することが大切だ。例えば平成十四年四月二十七日の『讀賣新聞』には、こんな投書がのせられていた。

『　　　　　　　　パート　小松みどり　31（茨城県久慈郡）

今年から我が家の長男もピカピカの一年生です。でも小学校までの道のりが片道四《キ》《ロ》もあるので、毎日往復八《キ》《ロ》をちゃんと歩けるかどうかとても不安でした。

私は、入学を控《ひか》えた三月下旬、小学校までの道を子供と一緒に歩いてみました。歩き終わって子供に感想を聞いてみると、思わぬ答えが返ってきました。「冒険みたいで楽しかったよ」。それまでの不安が取り越し苦労にすぎなかったと気づきました。いつの間にか我が子がたくましく成長していることにハッとさせられ、とてもうれしくなりました。長男は今、元気に通学していますが、毎日八キロの道を歩き続けることで、よりたくましく育ってほしいと願っています。』

楽しく練習する

このごろの人は、自動車やバイクで学校に通ったりするのが好きなようだが、これでは「歩く」という最も大切な基本的能力が鍛《きた》えられないから、大人になってからも体力がつかず、心の力も、内臓の働きも弱よわしくなってしまう。だから少年時代から、「歩く」という能力をよく鍛えることがとても重要だ。

それもいやいやながらやるのではなく、積極的に「やろう！」と思い、楽しい気持でやるのがよい。どんな練習でも、楽しんでやると、進歩が速く、しかも疲れが少ないのだ。いやな話をガマンして聞くと、グッタリと疲れるが、面白いと思ったり、楽しいと思って聞くと、疲れないし、内容もよく分かって、学習も進むし、結局「よかった」ということになるものである。

幼いころ、たいてい自分の住む家は、自分がきめたのではなく、父母がきめて下さった。だからいくらその家が嫌《きら》いだと言い張っても、大人になるまでは自由には変えられない。しかしその「思い」はやがて大人になるころには実現するということもある。つまり思い通りになるのには時間がかかると前に述べた通りである。

しかも父母の家に住んで、歩いて学校に通うというのも、将来のためにはとても良い訓練だから、喜んで、たのしみながらやることだ。そしていつも何を思うかというと、なまけたいとか、ウソをついてごまかしたいとかという〝ニセモノの心〟ではなく、内にかくれている「本当の心」つまり「神の子・人間」の本心の「思い」に従って、善いことを思い、それを楽しく実行しさえすれば、外《ほか》のことや、世間の噂《うわさ》などは気にしないでよいのである。

ドラマを作る

さらに又、平成十四年四月九日の『讀賣新聞』には、こんな投書ものっていた。

『　　　無職　大橋　欽一　75（名古屋市）

ある昼下がり、ほぼ満席の地下鉄車内で、私の隣に茶髪の若者がどっかと座った。やがて、五歳くらいの男の子を連れた母親がその前に立った。彼は子供と目線が合っても、ぶぜんとして席を譲ろうとはしなかった。私は、若者が席を譲《ゆず》ってはどうかと思い、内心穏《おだ》やかではなかった。

次の駅で私が降りると、彼も降りた。すると、その駅の上りエスカレーターが故障し、階段を上らなければならない状況になっていた。私の傍《かたわ》らには、つえにすがって困《こん》惑《わく》顔の老婦人がいた。

とその時、先ほどの茶髪の若者がその老婦人に近寄ると、一声かけ、そのまま彼女を背負うと長い階段をゆっくり上がっていったのだ。私を含め周《まわ》りの人たちはあぜんとした顔で、彼の後に続いた。

これから育ちゆく者と衰えゆく者への接し方をきちんとわきまえた、情理ある彼の人間性を思った。「花は自らの美しさを知らぬがゆえ、より美しく感じる」。そんな言葉を思い出した。』

日本ではよく幼い子に席をゆずってあげる人もいるが、そのくせ老人や年配の女性に席をゆずろうとしない人も多い。しかし子供は身体を鍛える時機なのだから、やはり立っていてもその訓練になる。むしろ幼い子や少年たちが大事にされすぎると、もっと成長して青年となり若者となっても、「ゆずられるクセ」がついた若者は、中なか他人に席をゆずろうとしない。

しかし、この若者は駅に下りて、老婦人が階段の前で困っているのを見ると、すぐ背負って、「長い階段をゆっくり上がっていった」というのは善い事をした。こんな善い事がサッと出来るようになるためには、平素から、やりやすいような善いことを実行する練習をすれば、必ず誰でもできるようになるのである。

しかも必ず善業《ぜんごう》は善果《ぜんか》となって、いつか善い実を結ぶ。それが「いつになるか」は分からないが、それも人生の面白さの一つである。つまり人生はすばらしい「連続ドラマ」のようなもので、その脚本の製作者はあなた自身の心なのである。

こころの無限性について

唯心の所現

人間はすべて、肉体という物質を持って生活している。この肉体は、縦・横・厚みのある存在で、いくら細長い人間でも、横幅もあるし、厚みもある。つまり縦・横・厚みの三次元の空間の中で、三次元の肉体を持って生活しているのである。しかし現実の肉体は時間の流れの中で新陳代謝や移動によって、刻々変化しているから、昨日の肉体と今日の肉体とは、異なるのだ。それ故《ゆえ》、一年も前の病気を、今もまだ引きずっているというのはおかしいのであって、病状にしてもどこか違っているはずだ。

つまりいつの間にか「治っている」のが普通である。ところが中々《なかなか》治らないで、一年どころか四年も五年も同じ病気で苦しんでいる人がいるのだから、この人たちはよほど

「変わるのがいやな人」と言ってもよいだろう。「治りたい」と思ってはいても、どこをどう変えたらよいのか分からない——といった状態なのに違いない。

しかし人はみな「変えやすい所」から変えて行かないと、変えにくい内側の、手に負えないような所を変えようとしても、中々手がかりがつかめない。その「一番変えやすい所」というのは、実は心である。「男心と秋の空」とか「女心と秋の空」というが、どちらにしても、変わりやすいのは心であろう。その心を思い切ってバサッと変えると、肉体も環境もきっと変わってくる。何故《なぜ》なら、心が全ての肉体や環境を作り出す〝主人公だからである。これを仏教的に言うと、「唯心所現《ゆいしんしょげん》」とか「唯心縁起《えんぎ》」と言い、一切の現象（諸法《しょほう》）は心が起したもので、心の顕現《けんげん》である、ということなのである。

簡単な例で言うと、道路を歩いて交叉点に来て、右に行こうか左に行こうかと立ち止まる。そして心で「右に行こう」と思えば右に行くし、「左に行こう」と思えば左に行く。魚を買おうと思えば魚屋へ行くし、パン屋に行こうと思うとパン屋に行くだろう。時には「飲みに行こう」などと思って飲み屋に行き、ウィスキーを注文してへベレケになったという人もいる。夜おそく帰って、親や奥さんにとっちめられると、

「いや、悪友にさそわれてねぇ……」

などというが、どのくらい飲んだらよいかをきめるのは、本当は自分の心であって、いくら悪友でも、ムリヤリ口から流し込むなどという暴力はやらないものである。

高次元的世界

人はみな心によって朝早く起き健康食をたべ、いつもニコニコの生活を送ることもできるし、小原庄助《おはらしょうすけ》さんのように、大酒のみのグータラ生活をして、身体を破壊しつつこの世を終るという人もいる。病気になっても、それを親のせいにして、「弱く生んだから だ」と言ってみたり、「治りたい、治りたい」だけでもダメである。心で思うだけではなく、それを行動にあらわし、断固として実践する勇気が必要だ。車を運転しても、途中で「止まりたい、止まりたい」と思うだけでは止まらない。ガシッとブレーキを踏む必要がある。あわててアクセルをふんだという人もいるが、「練習不足」のせいであったり「注意散漫《さんまん》」という場合もある。これらは正しい方法を実行しつづける訓練がとても大切だということを示しているのだ。

こうしてここに訓練とか練習といった「時間」の係《かか》わる問題が出てくる。この人生では、正しい方向をみつけて、その方向に進む長い訓練を積むということが必要で、そのため目的達成には、「時間」という次元が大切なのである。

何故なら、この吾々《われわれ》の肉体のいる現象界は、時間と共に流れて行く〝四次元の時空《じくう》間《かん》〟だ。つまり肉体という物体が、時間の流れにのって次々に移動して行く。この時間は一次元の線のように流れて行って、一日は二十四時間たつと次の日の朝になる。今日の朝五時に寝床から起き上がると、私の肉体は時間と共に刻々変化して移動し、やがて夜になると再び寝床にもどって、又翌朝の五時に同じように起きて移動しはじめる。こうして三次元の物体（肉体）は、四次元の時空間の〝実生活〟を送るのである。

この四次元の時空間は、吾々の感覚しうる世界であるが、吾々の本当のいのちは、ただそれだけではない。やがてこの世の生活が終ると、肉体は動かなくなり、翌朝になっても起き上がらなくなる。しかしいのちそのものがなくなった（消えた）のではない。いのちはまだ続いて存在し続ける。それはもはや感覚しうる四次元の時空間の中には現れて来ないというだけである。しかし四次元時空間の中の時間は無限であるから、そのような時間で考えると、百年やそこらの肉体的時間だけを考えて、いのちはないと考えるのはあまりにも早計だ。こうした永続する久遠《くおん》生命（いのち）を信ずるのが宗教的信仰であって、肉体が死んだらもういのちの全てはなくなったと信ずるのは唯物論《ゆいぶつろん》的短見である。

この両者の違いは、ちょっとした違いのようであって、決して小さなものではない。それは「時間」を有限の一次元だとばかり考えていた今までの考えから、時間を無限、あるいは二次元的に考えてみると明らかになるであろう。

平面的時間について

例えば平成十年十月四日の『毎日新聞』に次のような記事があった。

『英紙「デーリー・テレグラフ」は1日、英公文書館に保管されていた極秘文書に基づき「1945年5月、ナチス・ドイツが降伏し欧州での戦争が終わった直後に、チャーチル英政権が英米軍によるソ連攻撃を計画していた」と報じた。

同紙によると、「想像を絶する作戦」と名づけられた同計画は、ドイツ降伏（5月8日）直後にチャーチル首相によって策定が命じられ、5月22日には同首相のもとに提出された。

計画では50万人の英米軍が7月1日を期してソ連に急襲をかけるとし、それには反ソ感情を利用して10万人から成るドイツ軍を再組織し投入することも含まれた。

計画策定の背景にはスターリン政権に対するチャーチル首相の強い不信感があった。

さらに米軍が対日戦に兵力を集中させる前に対ソ攻撃を行う必要性が考慮された。

軍参謀本部は6月8日に同計画実行よりも、ソ連の侵略に備える防衛計画を練るべきだとの見解をチャーチル首相に伝え、計画は同首相によって最終的に却下された。ソ連に対する防衛計画は7月22日に策定された。【ロンドン・三瓶　良二】』

一九四五年というと昭和二十年であるから、まだ当時の日本軍は米英軍に対して戦争継続中であり、五月にはまだ原爆は落下していなかった。もしこの時期に英米軍がソ連と交戦する決定をしていたならば、日本軍との戦争状態も大きく変化していたであろう。米軍の広島への原爆投下は八月六日であり、八日にはソ連が日本に宣戦を布告し、翌九日からは南樺太、満州、朝鮮へ進撃したが、これも起らず、北方領土侵略もなかったはずである。従ってそれらに伴《ともな》う大量の犠牲者は出ず、逆にヨーロッパでの戦乱が継続したであろう。このようにして、世界の歴史は大きく変化する。歴史の筋書きは、その他凡《あら》ゆる所で大きく変化し、日本の開戦や終戦の決定も変更された可能性もあるのだ。

つまり過去の凡ゆる歴史は、無数の箇所で、人々の心の変化（決断の仕方）で、夫々《それぞれ》別のストーリーを生んだのである。その中の一つが現実に吾々の四次元時空間に出現した。それは丁度《ちょうど》無数のテレビ・チャンネルの中から、一つだけを取り出して視聴したようなものであり、それらは「時間」が平面的に流れうると仮定すれば、すべて体験できたはずなのである。こうして時間が線（一次元）から面（二次元）に高まることによって、この〝五次元の時空間〟では、吾々の体験領域は飛躍的に拡大する。六次元、七次元……とさらには無限次元をも考察するならば、あるいは時間だけでも無限時間を考えれば、そこに完全・円満、無限供給、無限歓喜の「理想世界」「実在界」があると会得《えとく》できるはずだ。

しかも四次元時空間以上は全て吾々の感覚を超えているから、これをナシと断定する権利も能力も、肉体人間には全くない。ないものをあるかの如《ごと》く錯覚するのは、丁度夢の中の饅頭《まんじゆう》を、あるかの如く錯覚するのと同じであるから、この迷いをさますには、「目覚める」以外に道はない。即《すなわ》ち人々は、肉体という仮存在の道具を失うことによって、より一層目覚めの時に近づくのである。あるいは又時には悲劇的な事件を体験したり、失職したりして、それ以前の精神状態から、一層目覚めた状態に進歩向上するのである。

さらに又、この時間を無限に縦に続けることによって、二次元の時間を考えた時と同じような高次元世界を考えることが出来る。即ち前世と来世を無限に拡大し、いのちがさらに高次元的に複雑化した次生《じしょう》・後生《ごしょう》を経験することが出来、学習範囲を深化拡大させうるのである。

職場での悩み

このように考えるならば、肉体の死もまた「教化《きょうげ》」であると釈尊の言われた説話がよく分かるし、人生は教化のためにある、人生はまさに魂《たましい》の目覚めのための大きな教室（人生学校）であるということも分かるであろう。例えば平成十年八月三十日に松陰練成道場*で森川章さん（昭和三十三年一月生まれ）は次のような体験を話して下さった。

森川さんは岩国市黒磯町二丁目に住んでおられるが、電気関係の仕事を十数年続けて来た。四年ほど前に、他の会社の社長さんが、「ぜひ一緒に仕事をしたい」と言うので、その会社に移動した。それから六ヵ月ぐらいした時、何か社内の雰囲気がおかしいと思ったが、平成九年の十月ごろに決定的な事件が起った。

というのは森川さんが「こうしたらいい」と思ってやっていると、社長や専務と全く反対のことをやっていたのだった。それに気付いて、社長と専務とに対して「和解の神想観」を行った。森川さんは昭和六十二年に生長の家に入信していたから、この神想観を真剣に行じ、自分と社長及び専務と仲好く和解し合っている事を心に描きみつめていたが、事態は一向に好転せず、十一月になるとさらに悪化した。

森川さんの言う言葉の一つ一つが社長や専務の癇《かん》にさわるのか、揚げ足を取る。仕事をしていても、ことごとに非難される。そのころから森川さんは光明実践委員会議長*で、毎月勉強会を行っていたが、教化部長の指導で、

「私は神の子、完全円満、これから毎日凡《あら》ゆる点で一層よくなる」

という言葉を、朝起きて二十回、夜寝る前に二十回唱《とな》えるとよいと教えられた。そこで朝車で会社に出勤し会社に着くまでの間、大きな声や小さな声で、毎日その言葉を唱えていた。けれども環境は好転しなかったのだ。

そこで遂に森川さんは、以前から心の中で計画していたことを始めた。それは十二月から毎週自宅で誌友会をやろうということだ。そこで自分のモヤモヤした気持や、イライラを清浄化したいと思ったのである。

失敗からの脱出

こうして十二月三十一日にも「浄心行《じょうしんぎょう》」を行った。これは今までの心の悩みを全て

洗いざらい紙に書いて、聖経読誦《どくじゅ》をしながらその紙を焼却する行事である。その結果、元旦には実にすがすがしい気持になった。が一旦会社に行ってみると、やはり会社内の雰囲気は変わらなかった。

このような転職に伴う苦労や困難は、現代の社会では各所で起ることがあるだろう。しかし、それも何かの原因があって起る結果であり、それは他人の原因によるというよりも、自分の行為やコトバや態度などによるものである。そうでなければ、自分が主人公の人生ではなく、他人が主人公で、自分はその奴隷に過ぎないということになる。そこでその原因を発見し、それを一層よい行動と思いとに変化させて行くならば、必ず結果が良くなって行く。そのことを詳《くわ》しく教えてくれ、自己をさらに向上させ、神の子の本質を磨き出してくれるのがこの「人生学校」なのである。こうして森川さんも、何らかの教訓を受け、一層人々の実相の神性《しんせい》を観《み》ることを教えられたのであるが、この時の発表では、詳しいトラブルの内容は発表されなかった。

こうして一月の半ばごろ、仕事上「間違いようのないミス」をおかしたため、その日の仕事の終りに、専務さんが、

「森川君、こんなミスをするんだったら、もううちの会社ではいらないよ」

と言った。そこで彼は、その帰りに車ですぐ社長の所に行こうとしたが、フト生長の家に熱心な母にもう一度相談してみよう——と思って実家に立ちよった。

そして母にこの件を相談すると、母は彼のやったことが悪かったからこういう結果になったのだと教えて下さり、社長に対してこちらから会社をやめるというのではなく、社長の「やめてくれ」という言葉で、あなたの人生が変わるのではないかと言われた。そして丁度その時松陰練成会が始まったことを知り、森川さんは四、五日の休みをもらって松陰道場に来て練成会を受けた。と同時に履歴書も書いて、すっかり浄《きよ》まった気持で新しい職場に行けば、必ずすばらしい職が得られると思ったのである。

すると練成の行事や講話の一つ一つが「自分のためであった」と感じられ、教化部長からも色々と教えられ、心身がリフレッシュされた思いで練成会を終了し、職安に行った。すると職安ではすぐ放送で、「これから○○会社の就職説明会並びに面接会をしますから、ご用の方は××番の窓口に来て下さい」と知らされた。「あ、これだな」と思って、森川さんはすぐその説明会に行き、面接を受け、二月一日からそのサニックスと言う会社に勤めることができたのであった。

するとそこで一ヵ月ぐらい新人研修をうけたが、その時の講師の方々がおっしゃるのが生長の家で説く所とよく似ているのだ。ここに集まった人々は何かの縁で集まるのだとか、「感謝の日」というのがあって、早朝から家族の方々へ感謝をするとか、食事の前に「ありがとうございます、頂きます」というような挨拶をするのである。

社長さんの話ではこの会社は日本海でナホトカ号が沈没した時、大量の重油が漏れたのを後始末する仕事をしたが、国からの助成金では採算が合わなかったのに、国に奉仕するという気持で重油の後始末に力を尽くし、全社員は地元の人々の奉仕に加わったというような話であった。

このようにして、人々はその心が浄化される程度に従って、より楽しく明るい職場や環境を体験し、さらに心を浄化させて行くのである。即ち「人生学校」は仮設の困難や不幸や死を通してでも、無限に本来の神の子・人間のこころを磨き出してくれる有難い教室なのである。

＊松陰練成道場＝山口県吉敷郡阿知須町大平山一一三四にある生長の家松陰練成道場。
＊光明実践委員会議長＝教区における青年講師の長。

「心の法則」とは

いろいろな法則

新しい年が明けると、「今年こそ善《よ》いことをしよう」と思うだろう。それは善い事をするると、たのしいからであり、また善いことが来るという気がするからだ。「なぜか」というと、人は自然に「心の法則」をボンヤリとでも知っているからだ。それは潜在意識の中にある記憶だと言ってもよい。

潜在意識というのは、隠《かく》れた記憶である。ちょうど海面に突き出ている島でも、海面下には隠れた部分があり、海底につながっている。そこでは隣の島ともつながっているし、さらに遠くの島や大陸ともつながっているだろう。そういう隠れた部分があるのと同じように、心にも潜在意識という隠れた心があり、多くの人々やさらに地層深くには

「古代の地質」があるように、人の太古《たいこ》の記憶も残っているのである。

ところで私達が住むこの世界には、普遍的な「法則」もあることを知っているだろう。例えば、

1+2=3, 2×3=6

というような簡単な法則から、複雑な掛け算や割り算の法則もある。これらは数学的法則だが、あまり高等数学となると、よく分からないから数学は嫌いだという人や、その反対に大好きだといって大いに勉強するアインシュタインのような天才もいる。

こうした数学的法則は、物質世界の研究に大変役立つので、主として物理学で使われ、経済学でも大いに役立っている。しかし経済学者でも、中々将来の経済の状態を予測できなくて、正反対の予測をする人もいる。「物質の法則」でも、全てが判明しているわけではなく、「分からない所が沢山《たくさん》ある」ということが分かってきたのだ。つまり「法則」といっても、「物質の法則」だけがあるのではなく、「その他の法則」も沢山あるということになるのであって、「心の法則」と言われるのも、その一つだ。

これは「物質の法則」と似た所もあるが、もっと複雑で奥の深い法則である。例えば、ボールを壁にぶつけると、そのボールはすぐ同じ力で壁から反射されて返ってく

る。しかし人の心は相手にぶつけても、すぐ同じ力で返っては来ない。近頃はよく人に会って、「おはよう」といっても、すぐ「おはよう」というコトバ（これも心だ）が返って来ないことがあるようなものである。

因縁果の法則

あるいはこちらが相手を「好きだ」と思っていても、その相手から「私も好きだ」と、同じ心が返って来ないこともある。こうしていろんな問題が起るのだが、相手を「嫌な人だ」と思っていると、その思いは相手に通じて（すぐではなくても）、やがてお互いに「嫌な人だ」と思うようになり、これも困ったことになる。

だから「心の法則」は、とても人々の生活に深く係わっていると言えるだろう。そこで「心の法則」を、「物質の法則」と較べてみると、〝時間〟が関係してくる。「心の法則」では、ボールを壁にぶつける時のようにすぐ反応が返って来ない。時によると一生涯相手に心が通じない（心のボールが返ってこない）といって悩むこともある。しかし必ず何かの反応（結果）は出てくるものなのだ。というのは人間の肉体の死は、魂《たましい》の死ではなく、魂は永遠に死なないからである。人は次の人生（次生《じしょう》）を迎える。さらにその後の人生（後生《ごしょう》）も、永久に送る。つまり人は「不死・不滅のいのち」だからである。

この本当のいのちのことを「神の子・人間」といい、「神性《しんせい》・仏性《ぶっしょう》」ともいう。そしてこのいのちは「心」ともいうが、「心の法則」の心とは少し意味が違う。「心の法則」の場合の心は、現象的に現れてくる心だ。しかしその心は「心」の不完全な仮相《かそう》（影）であるから、全く無関係ではない。

そこで「心の法則」は「因縁果《いんねんか》の法則」とも言い、「因果律《いんがりつ》」ともいう。この「因果律」は「物質の法則」でもありうることで、例えば水素と酸素を化合させると水ができるようなものだ。大根の種子（因）を播《ま》くと、大根の芽（果）が出てくるようなものだ。しかし適当な土地があり水分や温度が加わらないと発芽しない。これらを「縁」と言って、「助因《じょいん》」ともいうのである。

これが「心の法則」の場合は、善因善果《ぜんいんぜんか》、悪因悪果《あくいんあっか》と言い、善い心を起し善い行いをすると、善い結果（報《むく》い）が出てくるが、悪い心を起して悪い行いをすると、悪い結果（報い）が出てくる。すぐにではなく、ずっと後になっても出てくる。しかも色々と形を変えて、善果や悪果が出てくるのである。

だからいつも悪いことばかりしていると、それが積み重なって〝悪業《あくごう》〟として出てくる。善いことならどんな小さいことでも、次第に積み重なって〝善業《ぜんごう》〟となって出てくるのである。だからどんな小さいことでも、いつも習慣のようにやっていると、あとになってその善悪の果実をドッと受けとることになるものである。平成十三年八月二十九日の『讀賣新聞』には、為国里美さんという小学校の先生（立川市在住）が、次のような投書をなさっていた。

《三歳半の娘と一緒にいると、こんな幼い子供でも、しっかりと物を見て、考えているのかと驚かされることがある。

私が近所の方にあいさつをした時、聞こえなかったのか返事をもらえなかった。すると娘は「母さん、おじちゃん『こんにちは』言わないよ」

自転車で八百屋に行った帰り。さあ帰ろうとした時、出口に自転車を乗り入れてきたおばさん。「出られなくなっちゃった。変だよね」

駅のベンチに座ろうとしたら、ティッシュのごみが載っていた。娘は「ここに置いたらだめだよね。こっち（ごみ箱）に入れるんだよね」

自分が変だなと思ったことは「おかしいよね」「変だよね」と必ず確かめようとする。

身の回りのこと、大人のしていることに向けるまなざしは、時に真剣さを帯びることもある。

「三つ子の魂百まで」ということわざもある。大人がきちんとした生活態度を子供たちに示していくことの大切さをつくづく思った。》

必ず結果が出る

子供にも分かるようないけないこと、人に迷惑を与えること、身体のためによくないことを習慣的にやっていると、その時はそのまま見過ごされていても、やがて〝生活習慣病〟や、もっと大きな事故や災難が起って、〝悪業の果〟を刈《か》り取るのである。ところが明るい心でくらしていると、明るい運命を作り、幸福になる。これは〝善業の報い〟である。

しかし同時に若者がやたらにタバコを吸ったりしていると、その結果その人の善悪の業がうまいこと混合されて、それ相当の結果が出てくるものだから、この人生は大変面白くて、ためになる、つまり〝教えられ導かれる学校〟のようなものである。そこで『聖経・真理の吟唱』*の「観世音菩薩《かんぜおんぼさつ》を称《たた》うる祈り」という章には、次のように記されている。

『この世界は観世音菩薩の妙智力《みようちりき》を示現《じげん》せる世界であるのである。観世音菩薩とは単なる一人の菩薩の固有名詞ではないのである。それは宇宙に満つる大慈悲《だいじひ》であり妙智力であり〝心の法則〟であるのである。観世音とは世の中の一切衆生の心の音《ひびき》を観じ給《たま》いて、それを得度《とくど》せんがために、衆生《しゆじよう》の心相応《そうおう》の姿を顕《けん》じたまう「観自在《かんじざい》の原理」であり、「大慈悲」である。三十三身《しん》に身《み》を変じてわれわれを救いたまうとはこの事である。〝心の法則〟として、衆生の心に従って、その姿をあらわしたまう事その事が大慈悲なのである。

観世音菩薩は、あらゆる姿とあらわれて私たちに救いの説法《せつぽう》を宣示《せんじ》したまうのである。山々のたたずまい、雲の行きかい、風の韻《ひび》き、水の流れ――ことごとく観世音菩薩の慈悲の説法である。心に耳ある者は聴《き》け、心に眼《め》ある者は見よ。（中略）』

観世音菩薩のことは、「法華経《ほけきよう》」の普門品《ふもんぼん》によると、お釈迦《しやか》さまが色々と説いておられて、凡《あら》ゆる人々や形をとって衆生を救うものであるから、「まさに一心に観世音菩薩を供《く》養《よう》すべし」と教えておられる「救いの働き」だ。そこで全ての人や山や川や水の流れなどもみな観世音菩薩の慈悲の説法だと知らなければならない。つまり「心の法則」は観音さまの慈悲の説法だというのである。

観音さま

従って前に述べた三歳半の娘さんが、色々とお母さんに「おかしいよね」「変だよね」というのも、まさに観音様の教えであるが、時にはこんな話も伝わっている。皆さんはパブロ・ピカソという有名なスペインの画家がいたことを知っているだろう。彼はホセ・ルイスという父と、マリア・ピカソという母との第一子として一八八一年に誕生した。

ところが難産の末に生まれたので、立ち合った産科医は、赤ん坊を見て死産だと判断した。そこでこのお医者さんは赤ん坊をそのまま放置しておいた。するとこの産科医が吸った葉巻の煙にむせて、この赤ん坊パブロ・ピカソは息を吹き返したというのである。おまけにこの産科医はパブロ・ピカソの父の弟のサルヴァドールだった――と後年ピカソが語っていたという話だ（G・H・ビドラック著、鈴木周二・菅沢信夫訳・『天才はいかに育てられたか』ＰＨＰ版より引用）。

もっともピカソは〝三つ目のある人間〟を描いたりしているから、彼の思い出話も、産まれたときこの光景を見ていたわけでもないし、現実とは少し違う〝三つ目の話〟かもしれないが、もし本当だったら、ヤブ医者の叔父さんだったということになるだろう。

それでも観世音菩薩、つまり「心の法則」の実現なのであって、何かの原因があって、こうした〝困難〟をかいくぐって、世界的に有名なピカソが生まれて来たと言えるのだ。

そこで『聖経・真理の吟唱』には、さらにこう記されている。

『(前略)観世音菩薩は或《ある》いは父となり母となり、或いは良人《おっと》となり妻となり、或いは兄弟姉妹となり小姑《こじゅうと》ともなり、或いは、社長とも重役ともなり、同僚ともなり下役ともなりて、常に何かを語り給う。心に耳ある者は聴《き》くべし、心に眼ある者は見るべし。

予言者は遠くにあらず、山にあらず、街頭にあらず、今ここにあるのである。私自身の内にあるのである。自己の想念するところのものが外にあらわれ、自己の信ずるところのものが外界にあらわれ、自己の語るところのものが他者にあらわれるのである。想《おも》うこと、信ずること、語ることが予言となって、やがて実現する時期がくるのである。されば私たちは悪《あ》しき事、憎むべきこと、暗きこと、消極的なことを想ってはならない、信じてはならない、語ってはならないのである。

悪しき事、好ましからざる事があらわれた時には、外に原因を求める以上に、まず自己の心の中に、そのような〝心の模型《もけい》〟があるにちがいないと自己反省するがよいのである。自分の心にある原因を消さないで、外界の火を消そうと思っても、一旦それは消えたように見えても、火元は自分自身にあるのだから、再びまた他の所から発火するのである。』

何もかもありがたい

つまり、あらゆる人のコトバが人生を作って行くから、よい言葉、明るいコトバを使ってのびのびとその長所を伸ばして行くことが大切である。自分の不幸を他の人や物のせいにするような〝卑怯《ひきょう》なまね〟をしないことだ。むしろ進んで他の人々の長所を学んで暮らすならば、その人がつまり教師の役目をしてくれるから、必ずあなたはさらに伸びて行く外《ほか》はなくなる。例えば平成十三年九月七日の『讀賣新聞』には、横浜市に住む松尾洋志君（一四）という中学生の、こんな投書がのっていた。

『半年ほど前、ぼくは学校で転んで、かかとを少し切ってしまった。下校の時、足をひきずるように歩いていると、通りすがりの、優しそうなおばあさんが「大丈夫？」と話しかけてきた。ぼくは「はい、大丈夫です」と答えた。

でも、おばあさんは「ばんそうこうを買ってくる」と言って、近くにあった薬局に行き、ばんそうこうを買ってきてくれた。それを一枚、ぼくに渡すと、おばあさんは道を曲がって行ってしまった。ぼくは心から「ありがとうございます」と言った。

とてもうれしかった。おばあさんのような優しい心に触れる人が増えれば、凶悪犯罪も減っていくのではないかと、ふと思った。ぼくも早速、人に優しくするようにしようと思った。』

こうして明るいコトバと、善い深切《しんせつ》な行動をする人々によって、「心の法則」が美しく結実《けつじつ》して行くのである。最後に「観世音菩薩を称うる祈り」はこう書かれている。

『観世音菩薩は尽十方無礙光如来《じんじっぽうむげこうにょらい》の大慈悲の顕現《けんげん》にてありたまう。それゆえに尽十方に満ちたまうのである。あらゆる宗教の本尊《ほんぞん》は名称は異なれども、その本体は尽十方に満つる神の大慈悲のあらわれなのである。だから万教《ばんきょう》は一《いつ》に帰《き》するのである＊。生長の家の礼拝《らいはい》の本尊は観世音菩薩なのである。われ観世音菩薩を讃嘆《さんたん》し奉《たてまつ》る。』

＊『聖経・真理の吟唱』＝谷口雅春著。霊感によって受けた真理の啓示を、朗読しやすいリズムをもった文体で書かれた〝真理を唱える文章〟集。日本教文社刊。
＊万教は一に帰する＝すべての正しい宗教が説く真理の神髄は一つに帰するということ。万教帰一。

コトバの力は重大である

物と心

最近は科学技術の発達によって、多くの機械が作られるようになった。テレビ、ラジオ等の電子製品や、デジタル機器などは勿論《もちろん》だが、製鉄業や造船業なども復活しつつあるという話である。ただしこれらは「すぐれた製品」でないとダメで、すぐ壊《こわ》れたり、部品が無くなったりするような品物では、国際的な商品とはなりにくいのである。

カメラやテレビでも、いくら古くなっても修理できる製品でないと、世界的信用にはつながらない。〝製品〟は単なる物体ではなく、まごころとか信用といった「心」そのものだからである。「心」である以上、人の心によっては、その物が〝不在でも役に立つ〟こともありうるのだ。

例えば平成十五年十月十五日の『讀賣新聞』に、東京都足立区に住む大沼孝三さん(58)の、次のような投書が載っていた。

『私の部屋のテレビがついに故障した。ここ数か月は、軽くたたくと、思い出したように再び画面が映ったが、ある日をもって、ピタリと出なくなった。

愛着もあったが、思い切って処分した。新しく購入しようと思ったが、忙しさにかまけて一か月ほど、テレビ無しで過ごした。すると、読書をしたり、勉強をしたり、好きな絵を描いたりと、今まで忘れていたことをするようになった。

我が家には、各部屋にテレビがあった。しかしそれはともかくすると、食事後すぐに各自で自分の部屋に引きこもってしまう原因にもなっていた。

私の部屋のテレビがなくなってから一か月。家族団欒《だんらん》の時間が少しずつ増えてきた。文明の利器がいつの間にか、家族関係を根底から崩していたことに改めて気がついた。もう私の部屋には、テレビは置かないと決めた。』

テレビも便利な〝文明の利器〟だが、こればかりを見ていると、その発するコトバや画面の力に圧倒されて、〝一億総白痴化《はくちか》〟されてしまうだろう。中には名場面もあるが、バカバカしい「やらせ場面」や、大袈裟《おおげさ》な演技を見せつけられ、いつしかそれを「本物」と思い違えるからである。

だから見る側では、番組をよく選んで見ることが必要だ。本物は時間の流れの中で起る出来事だが、テレビや写真では、その時間が小さく切り取られるから、本物と違ってくることが多い。解説者や登場人物でも、「皆がそう言っている」と言っても、その「皆」は本当の「皆」ではなくて、ごく一部の人々だったりするからである。

テレビの故障

私の今住んでいる家にも、テレビがある。古い白黒テレビがまだ生きているし、とても古いソニーのテレビも生きている。これはテレビのダイヤルが縦にズラリと並んでいて、それを一つ一つ押してチャンネルを切り替えるものだ。一四型で小さくてリモート・コントロールなどはない。別のテレビで古いのは画面の色が悪くなっているのが一台と、そうでもないのが一台と、さらに家内の部屋と私の部屋には一台ずつある。家内の方のは大きい（二二型ぐらい）だが、私の方は一四型だ。しかし私はほとんどラジオばかりで済ましているから、小さくても充分なのである。

ところが家内の大きい方のテレビが、点《つ》かなくなった。いくらスイッチを押しても点かない。ところがしばらくして押すと点くが、また消えて点かなくなる。仕方がないから、製造元のサービス・ステーションに電話したら、「ご来店下さいますか」ときく。重いから持って行けないので、来てもらうことにした。すると、

「一週間ぐらいかかりますよ」

という。（これらはみな家内が交渉した）仕方がないので、本部の総務部にたのんでみたら、翌々日ぐらいに製造元の子会社（相談センター）の人が見に来てくれた。若い青年で金色の茶髪だったが、丁寧に診てくれて、何だかテレビの裏の方のフタを開けて、細かい所をいくつもハンダ付けをしてくれて、

「これでしばらく見て下さい。もしだめだったら、今度は部品を取り替えて修理しますが、このテレビは（十五年前に購入のもの）まだ充分使えます」

と言って帰って行ったそうだ（みな家内からの報告）。さすがに古くからの有名な製造元のサービス員だと思って感心した。サービス員の言うには、修理代は三日ぐらい経って、これで良かったらということだった。人は誰でも、「見かけ」だけで判断してはいけない。「心」というものは、外からは見えないからである。商売の規模でもそうだ。大きな店ほど〝良心的〟と言うわけでもない。あまり手を広げすぎて、細かい点に行き届か

なくなり、遂《つい》に倒産したという例はいくらでもある。真心《まごころ》をこめてする仕事は、する側もお客さんも、皆が気持ちよく、〝豊かな気分〟になるものである。例えば平成十五年九月二十九日の『毎日新聞』には、大津市の石田徳彦さん（40）の、こんな投書が載っていた。

深切な心と行動

『私の近所に2軒の釣具店がある。大手チェーン店と個人経営店である。大手チェーン店は品ぞろえも豊富だが、売れ筋の品が多く、私のような古い釣りをする者には落ち着かない。質問への対応もマニュアル的だ。

一方で個人商店は品ぞろえは少ないが、今ではなかなか見られない懐古的な釣り具、漁具が廉価《れんか》で売られている。

店主は私と同年代で、昔からの餌釣りから、若者に流行のルアー、フライフィッシングまで知識豊富。質問すれば大体のことは答えてくれる。

大手チェーン店と違うところは、そこには小さな休憩用の円机と椅子があって、知らない釣り人同士でも気さくに情報交換ができることだ。何といっても、落ち着けるのが好きだ。

私が幼少時の商店街は、このような感じではなかったろうか。それほどの購買額でなくとも気さくに対応してくれたし、いつも名前で呼んでくれた。物品を買うのは値段の安さや品ぞろえだけではないと、私は思うのだが。』

心のこもった行動や、お店や会社は、規模の大きさや、行為の外見ではないのである。物よりも心が大切だ。それは『甘露の法雨』の中に示されているように、

『万物はこれ神の心、
万物はこれ神のコトバ、
すべてはこれ霊、
すべてはこれ心、
物質にて成るもの一つもなし。
物質はただ心の影、
影を見て実在と見るものはこれ迷《まよい》、
汝《なんじ》ら心して迷に捉《とら》わるること勿《なか》れ。』

とあるからだ。しかも神の「心」は渾《すべ》ての渾てであるが、人の心はその一部分を見て

いるだけ。前述のように「無限次元の実在界」を、「三次元の世界」に省略して見ているからである。つまり〝本体〟を見ないで、その〝影〟を見ているのである。例えばやはり『毎日新聞』の平成十五年十月三十一日の〝余録〟欄に、こんな記事があった。

『人は見かけによらぬものと言う。見かけや外見だけに気を取られ、つい見誤って大失敗した人も多いだろう▲筆者も見かけで勘違《かんちが》いをして恥をかいた経験が数々ある。自動車工場の取材で地方に行った。最寄りの駅で電車を降りたら頭の薄い初老の男性がバスで迎えにきてくれていた。余りに腰が低く気さくなので総務関係の人だとばかり思い込んでしまった。おじさんが本田宗一郎社長と分かったのは工場の門をくぐってからだ▲見かけによらないのは人だけではない。銀行も見かけによらぬ時代だ。先日ある経済誌に載った銀行ランキングを見ていたらかつての有力大銀行の姿はきれいに消えていた。代わって地方の地味で堅実な銀行が紹介されている。その名前を聞いても地元の人しかピンとこないだろう▲田舎人を任じていた民俗学者南方熊楠《みなかたくまぐす》は快哉《かいさい》を叫んでいるかもしれない。「中央に集権して田舎者を驚かさんと市都を肥《こ》やす風大《ふうおお》いにこれを忌《い》む」と友人に手紙を送った人物だ。80年後に日経連会長（当時）の鈴木永二さんも「都市銀行は都心に御殿のようなビルを建て学生を札びらで頬《ほお》をひっぱたいている」と批判した（後略）』

都市銀行ばかりではない。東京都を含む各地の府県庁でも、バカデカイ建物で、住民の出入りに不便を与えている所もあるものだ。

大と小、国家と国民

駅の建物でも、大きすぎて困ることもある。入口から入って、列車の着くプラットフォームまで行くのに随分《ずいぶん》時間が掛かる駅もあるが、これも変なものだ。人間の肉体でも、個人の家でも国土でも、同じことが言える。巨大な力士は勝つには都合がよいが、強力になるためには、沢山の食糧を食べるだろう。小食ではとても勝てないからだ。

しかし国民が皆彼らと同じくらいの食糧を必要とするなら、現在のわが国の食糧事情はとても困難になる。その上、普通の大きさの人間でも、「食べ放題」や「早食い競争」をすると、大変な無駄遣《むだづか》いになる。これも金儲けや、旅館や町や店の宣伝に利用されるが、世界にはまだ食糧不足で苦しんでいる途上国があるから、もう少し「与える心」を持つ方が、自分たちの身体のためにも長生きするものである。

国土の広さでも、大きい程〝良い国〟とは言えない。世界で最も広大なロシアでも、中国や北米やブラジルでも、日本にくらべて随分の巨大国である。現在の日本（三七八〇万ヘクタール）にくらべると、戦乱で苦しむイラク共和国の方が四三八〇万ヘクタールあってずっと大きいが、まだ「住みたい国」とか「良い国」とは言えないようだ。大きい国が気前よく「小さな島ぐらいは、あなたにプレゼントしましょう」とは、断じて言わない。それどころか、無法に占領して、返してくれない国もある。

「大きいことは、良いことよ」

とは言えない。個人でもそうだが、「国が良心的」になるには、まだかなりの年月が掛かるようである。全ての国には、多くの国民がいる。これらの人々の大多数の心が、〝国の心〟となるだろう。それ故、ある国の半数以上の国民が〝良心的〟になると、その国は〝良心的な国〟と言ってもよいのである。

しかし〝良心〟とは一体何だろうか。その〝良〟とは〝善〟であるべきで、自分勝手な独断や思い込み、恰好《かっこう》のよさではない。つまり本当の〝善〟は〝真・善・美〟の合一した〝絶対善〟即ち〝神意《しんい》〟であり〝仏心《ぶっしん》〟でなくてはならない。そうした「心」は、既に全ての人々に内在するが、それを自覚しないと現れては来ないのである。

何故なら、この現世《うつしよ》（即ち現象界）は、「認めたものが現れて来る世界」だからだ。

「神の国」のみが実在し、現象界は仮相（非実在）であり「心で認めただけの世界」だからである。従ってどうしても「神と神の国」を認める信仰者を殖《ふ》やさなければ、〝良心的な国〟とはなりえない。少数の人々がいくら真理を自覚し、「神の国のみが実在する」と信じていても、その国が〝良心的な国〟と言うわけには行かないのである。

それは釈尊《しゃくそん》やキリストの自覚と同じ信仰を持った国でなければ、国としては良心的と言えないようなものである。日本で言えば、これらの宗教の神髄が「万教帰一《ばんきょうきいつ》している」と説かれた谷口雅春大聖師、その創設された『生長の家』の信仰者の数が増大しなければ、日本自体が〝良心的〟とは言えないことになるのである。

中庸について

しかも孔子様は「中庸《ちゅうよう》は徳の至れるものなり」と言われたという。「中《ちゅう》」とも言うが、「中庸」とは〝真中《まなか》〟のことで、「真理」を指すが、現象的には左右に偏《かたよ》らない考え方であり、偏見には陥《おちい》らない心境である。現在の世界状勢でも、ジャーナリズムが左や右に偏ったりしていると、国民はとんでもない判断を下してしまうものだ。

平成十五年十一月の総選挙でも、左翼の共産党や社民党が大きく後退し、二大政党的に変化したのは、国民の心の傾向が「中」に向かいつつあるという一現象であろう。しかしまだイラクの政情についての報道は、米軍がテロ攻撃されて、少しも安定方向に向かっていないようなニュースが前面に飛び出している。だがイラク全体についてはどう判断するか――この点について、平成十五年十一月十一日の『産経新聞』に、古森義久氏の次のような報道が載せられていた。

『（前略）イラクではこのところ米軍や米英軍の統治に協力するイラク側の警官、行政官へのテロ攻撃が増えているが、その一方、ボストン・グローブ紙のバグダッド発の十一月上旬の報道では、「ほとんどのバグダッド市民は市内の平均的市民の生活が徐々にだが確実に改善されてきたと述べている」とされ、失業者こそまだ多いとはいえ、「経済活動がきわめて活発になった」として、その実例として市内の市場で働く医薬品販売や熱帯魚売りの市民の収入の大幅増加を紹介している。

同報道は特に市民たちがフセイン政権時代と違って、自分の意見を自由に述べ、言論の自由の復活で多数の新聞や雑誌を読めて、かつ国内国外を自由に旅行できるようになったことを喜んでいるという実態を強調した。その結果、皮肉なことにテロリストの攻撃を容易にしている、ともいう。

イラクの市民生活のインフラに関してはAP通信の十一月上旬の現地報告では①電気の供給量は戦争前のフセイン政権時代の四千五百メガワットを上回り、四千五百十八メガワットとなった②水道も戦前とほぼ同じレベルに戻った③農業も戦後、一万二千キロに及ぶ灌漑《かんがい》整備で戦争直前の生産水準を超えるようになった④連合軍暫定《ざんてい》当局（CPA）は戦後、約千五百の学校を改修し、教科書七千万冊を配布中で、すでに小中学校のほぼすべてが再開された⑤石油生産も戦前は一日二百五十万バレルだったのが、百八十万バレルまでにもどった―と伝えられた。

一方、ロサンゼルス・タイムズ紙の十月下旬の報道では、テロ攻撃は北部モスルのほか、ティクリートなどバグダッドの北と西に広がる旧バース党やスンニ派のフセイン支持勢力の多かった「スンニ派三角地帯」にほぼ集中しており、他の南部などの地域は平静となっている。特に南部の要衝バスラやナジャフでは住民はフセイン政権に弾圧されたシーア派が大多数で米英軍を歓迎し、治安もきわめて良好となっているという。

同紙のナジャフ発の報道では「住民たちは生活が日々、改善されていく、と述べている」「バスラでは市民たちが米英軍が撤退することを恐れていた」「他の都市でも全体として電気、水道、緊急医療などの基本的なサービスは次第によくなり、ガソリンスタンドの行列は短くなり、米英軍に訓練されたイラク警察官の数が増え、公立学校も授業を再開した」などと伝えられた。

さらに米国各紙が報道したザグビー社のイラクでの世論調査では、十人のうち七人のイラク市民はイラクがフセイン政権の崩壊と米英軍の統治の結果、五年前よりよい国になっているだろう、と答えた。他方、ニューヨーク・タイムズが報じたギャラップ社のイラクでの世論調査では、全体の67％が「独裁のフセイン政権打倒は苦難があっても正しかった」と答えたという。』

そしてその後イラク南部のイタリー軍の派遣されている地区への自爆テロが起ったというから、このコトバも日本政府の方針に大きく影響する「コトバの力」の実例であろう。従ってコトバの「中道」への志向は、重大問題だと言えるのである。

平成十七年一月末のイラクの臨時政府の選挙では、テロ攻撃多発のニュースにも屈せず、イラク国民の大多数が投票に参加し、政府誕生が確実となったのであった。

＊本部＝東京都渋谷区神宮前一－二三－三〇にある生長の家本部。生長の家の布教、伝道の中央拠点。

第三章 万教帰一の真理

「道」を説く人

四聖人

昔から、偉い人の生まれられた誕生日や、お亡くなりになった命日には、盛大な儀式やお祭りが行われたものである。「偉い人」と言っても、必ずしも勲章を貰《もら》った人とか、ノーベル賞を貰った人という訳ではない。世界の「四聖人」と言われたのは、孔子《こうし》・釈迦・キリスト・マホメットの四人だった。これらはみな「人の命の尊さ」を教えられた方々だ。その中でも一番古い人は、紀元前五五一年から四七九年に生活されたと伝えられる孔子さまだろう。

ただ古いから一番偉いと言うわけではなく、今でも儒教《じゅきょう》の開祖として尊敬している人と、そうでもない人達もいるくらいだ。カトリックの信者さんは、キリストの母であるマリアさまを尊敬し、「無原罪《むげんざい》」のお方として八月十五日に「聖母被昇天祭」を行っている。「無原罪」とは、キリスト教で言うところの原罪が無く、従って死後も肉体が腐敗せずに、魂と共に天国に行かれた、と言われている。

一方孔子さまの廟《びょう》は中国・台湾に立派なものがあるが、沢山《たくさん》の教典（六経）を遺されたから、有名な言葉が沢山残っている。その中の「論語」は孔子とその弟子の言行を、弟子達が編纂したものだ。又孔子と同時代に老子《ろうし》という人がでた。その著書を「老子」とか「老子道徳経」というが、単なる道徳と言うよりも宗教哲学であり、「道教《どうきょう》」ともよばれている。この教えの根本は、実在の根元は「道」taoであり、あらゆる諸現象はその発現だと説くのである。だからそのような現象にとらわれずに、「道」に従って生きよと教えられた。この教えを荘子《そうし》が継承して、「老荘思想《ろうそうしそう》」とも呼ばれている。ところが平成十五年八月二十九日の『讀賣新聞』の「編集手帳」には、次のように書かれていた。

死後の世界

『孔子は「怪力乱神《かいりきらんしん》を語らず」と述べた。「怪力乱神」とは人知の及ばないこと、理性で説明できないことを指している。新聞もまた怪力乱神を語らないが、語りたい時もある

◆大阪府池田市の小学校で児童八人を刺殺した宅間守被告に死刑判決が下った。開廷直後、不規則な発言をして裁判官から退廷を命じられた被告は、読み上げられた判決文を聞いていない。遺族を名指しして暴言を浴びせつつ、法廷から連れ出されたという◆「子供がかわいそうとは思わない。同じやるんなら恵まれた子をと」「実行犯はわしやが、そうなったのは（自分を不愉快にさせた）何百人、何千人のせいや」「死ぬことは全くびびっていない」…◆これまでの公判で被告は、謝罪の辞を述べるどころか、言葉のナイフで遺族の心を切り裂いてきた。「幼稚園ならもっと殺せた」と、ゆがんだ〝後悔〟の念を口にしてもいる◆謝罪されても、両親のもとに子供たちが帰ってくるわけではないが、霊前に報告できればささやかな供養にはなろう。被告はそれさえ許さなかった◆仏教の教えるところでは、非道きわまりない罪を犯した者は無間《むげん》地獄に落ち、とだえることのない業火《ごうか》の責め苦を受けるという。死刑でもまだ足りないというのが、遺族の偽《いつわ》らざる気持ちだろう。怪力乱神に心ひかれる時がある。』

仏教で「無間地獄に落ちる」というのは、死後の世界に落ちて、魂が苦しむ第一級の状態をさすが、「業《ごう》の法則」によって悪業が悪果を生むという原則をのべたものだ。「心の法則」とも言うことは前述の通りだ。しかしこのT被告は、肉体が死んだらそれで灰になるだけと思っているに違いない。それ以後の〝魂的な存在〟はないと信じているようである。だから命の尊厳が分からないし、自分の受けた苦しみを晴らす〝仕返し〟ばかりを考えた。そしてそれを豊かな階級への大量殺人にすり替えたのだ。これではその無知迷妄を反省するまで、「無間地獄」ぐらいを体験する必要があるのだろう。だからT被告はこう語ったと、同日の同紙は書いてあった。

『宅間被告は判決公判終了後、大阪拘置所に接見に訪れた主任弁護人の戸谷茂樹弁護士から死刑判決を伝えられ、弁護団が控訴する方針なのに対し、控訴する意思がないことを示したという。

戸谷弁護士は、争点となった刑事責任能力についての判決の判断や量刑理由を説明した。宅間被告は死刑について「やっぱりな」と、特に驚く様子もないまま、「控訴しても無意味」などと無表情に語り、法廷で「少しは（言いたいことを）言えたからいいか」と苦笑いすら浮かべたという。』

ある女性に恨みを持ったからといって、それを女性全般にふりむけたり、又その反対を行ったりすると、個人の人格や人権が全く無視されてしまう。こうした無知迷妄は唯《ゆい》物論《ぶつろん》を鼓吹《こすい》する「共産主義国家」の行為にも現れていたことは、ソ連の崩壊までに数多く目撃された現実（現象）であった。
現在でも共産党の独裁する国家では、個人と国民多数との混同が見られて、いくら口先でうまいことを語っても、愛や人権は守られていないのが現実である。そこで理想的な愛と智慧との根元が「神・仏」にある事を知らせる「宗教の普及徹底」がとても必要となるのであって、単なる「思想」や「哲学」だけでは不十分だと言える。何故なら、「唯物論」も哲学の一種だからだ。

「道」について

そこで前に触れた老子の「道《タオ》」であるが、『聖経　甘露の法雨』の中には、「実在」の項にこう書いてある。

『天使《てんのつかい》また続いて説き給《たま》わく――
実在はこれ永遠、
実在はこれ病まず、
実在はこれ老いず、
実在はこれ死せず、

この真理を知ることを道を知ると云《い》う。
実在は宇宙に満ちて欠けざるが故《ゆえ》に道と云う。
道は神と倶《とも》にあり、
神こそ道なり、実在なり。
実在を知り、実在に住《お》るものは、
消滅を超越して
常住円相なり。(後略)』

つまり「道」は実在であり神であり不死不滅の「何者か」である。そこでこれを「実相」とも言うのだ。老子はこの真理を伝えられたのであり、この教えを「老子」とも言い、キリスト教の「聖書」の次に多くの部数が英訳されて、世界中に流布された。だからこれを林語堂《りんごどう》も英訳したし、鈴木大拙《だいせつ》さんも共訳したことがあった。原文の漢語は難しいが、アーサー・ウェーリー(Arthur Waley)の英訳文は読みやすいらしく、多くの人々に読まれたと言う。ついでに言うと、このウェーリーというイギリス人は、日本語の『源氏物語』を最初に英訳した人だ。

現代人では加島祥造さんが英文から意訳したと言う第八章の一部が『老子と暮らす』

（光文社）に載っているので紹介しよう。「水のように」と言う小見出しだが……（91〜92頁）

『何よりもすすめたいのは
「水のようであれ」ということだ。
水はあらゆるものに生命を与え
あらゆるものを養いそだてる。
そんな大変な力をもっているのに
争わないのだ。
人のいやがる低いところにも
流れ込んでゆく。そして
タオにつながる人もまた水に似て、
低いところを好む。
心を求めるときは
もっと深いところを喜ぶ。（後略）』

この辺りの老子の原文は『上善若水　水善利萬物　而不争　處衆人之所惡　故幾於道

居善地　心善淵　與善仁　言善信　正善治　事善能　動善時　夫唯不争　故無尤……』となっている。

ここにあるタオは道の中国風の発音だが、とても分かりやすい詩文の意訳ではないだろうか。老子は又「タオとは、名付けようのないものだ」「名が付けられたら、タオではない」と言うから、仏教で言う「不立文字《ふりゅうもんじ》」とも一致している。「真理」や「実在」は言葉を越えているという意味である。

欲を捨てる

『だから、この名のない領域を知るためには、
欲を捨てなければならない。
欲をなくすことで
はじめて真のリアリティが見えるのだ。
人は名のあるものに欲をおこす、そして
名のついた表面だけしか見えなくなるのさ。』（95頁）

これは「老子」第一章の「道可道」の一部だが、原文では、『故常無欲　以觀其妙　常

有欲　以觀其徼《けう》　此兩者　同出而異名　同謂之玄　玄之又玄　衆妙之門……』のところである。(徼は現象のこと)

ところがもし人が「実在」というリアリティではなく、現象という見える物に囚《とら》われていると、忽《たちま》ち「泣きわめき」の世界が現れてくる。例えば平成十五年九月一日の「産経抄」にはこう書かれていた。

『男は美人に弱いという断定は錯覚であり、誤解であるといいたい。〃美人は三日で飽きる〃という俗説もあるくらいだから。ともあれユニバーシアード大会（大邱）の北朝鮮女性応援団を指して〃美女軍団〃とするテレビにはへきえきした▼負け惜しみではなく、小欄は彼女たちを「美人」とは一度も感じなかった。不出来な能面のような女性が、あるいは一斉に笑い、一斉に顔をしかめる機械仕掛けの女性がなんで美人なのか。不気味とも不愉快ともいいようがない人形集団としか思えなかった▼連日のテレビ報道にはうんざりしていたが、彼女たちが金正日氏の写真入り横断幕が雨に濡れるといって泣いたりわめいたりしたパフォーマンスに、ようやくおかしいぞと感じたらしい。北の顔色をうかがう一方の韓国テレビも鼻白み、日本の報道も少しは批判的に伝えるようになった▼首領の写真で思い出すことがある。昭和四十二年九月、中国は在北京の日本の新聞の特派員を呼びつけ国外追放を命じた。サンケイ、毎日、東京で、理由は敬愛する毛沢東主席様をマンガ（似顔絵）にして載せたというものだった▼そう個人崇拝された毛沢東主義は六千五百万人の死者をだしたといわれ、中国内部で深刻な総括（反省）が行われた。飢餓と弾圧の悲惨を生んだ北朝鮮の金日成・金正日王朝にも、やがて崩壊が到来する日がくるだろう。その日はそう遠くないはずである▼北朝鮮の〝美女戦略〟はついには韓国人をもあきれさせ、世界のひんしゅくを買うだけのものになった。他国の選手団へは一斉にブー的な態度だったのだから。北朝鮮がいかに異様な反国際的国家であることを強く印象づけたことで、〝傾国の美女〟だったのではないか。』

政治の世界ではとかく権力闘争が行われ、政治家は「聖人君子」でなくても良いのだとも言う。しかし「聖人」とまでは行かなくても、せめて「君子」ぐらいであって欲しいものだ。「君子」とは〝キミ子ちゃん〟ではないからだ。

君子であること

ためしに『辞林21』をひくと、①学識・人格ともに優れ、徳行のそなわった人、②身分官位の高い人、と出てくる。それも政治家には君子が居なくても良いとなるならば、その国の政治が混乱して、「公約違反者」がぞろぞろと出るだろう。しかし『辞林21』には次に「君子の交わりは淡《あわ》きこと水の如し」という荘子の句が出ていて、「君子は豹変《ひょうへん》す」という易経《えききょう》の言葉も出ている。その意味は、①君子は過ちをすみやかに改め、善に移ることがはっきりしている。②俗に、今までの思想・態度が急に変わること、と書いてある。

これは明らかに、①の意味が本当で、②はいつの間にか俗人が誤用してこうなったと言える。だから政治家でも、過ちを犯すこともあるが、すぐに反省して、善に移ることぐらいはやって貰《もら》いたい。しかし名も地位もない「普通の人」でも、悪を悔《く》いて、善にうつるぐらいのことはやる。刑務所に入った人でもそれをやるし、その為にこそ刑務所があるのではないだろうか。

しかも政治家が沢山の立派な勲章を貰うぐらいだから、「君子クラス」には居て貰いたいものである。その為には、平素から練習しておくことが必要だろう。「有名になろう」「ゼヒ当選しよう」ばかりではなく、「道」という「真理」を自覚し、それが「神」であり、「仏」であり、「人がみな神の子である」ことを学び取って頂きたいのである。

そこで再び『甘露の法雨』の中の、「人間」の項を参照すると、次のように書かれている。

『吾《われ》は「真理」なり、

「真理」より遣《つか》わされたる天使《てんのつかい》なり。

「真理」より照りかがやく「光」なり、

迷《まよい》を照破《しょうは》する「光」なり。

吾は「道」なり、

吾《わ》が言葉を行うものは道にそむかず。

吾《われ》は生命《いのち》なり、

吾に汲《く》む者は病まず死せず。

吾は救《すくい》なり、

吾に頼む者はことごとくこれを摂取して実相の国土に住せしむ。（後略）』

これが「吾」即《すなわ》ち「天使」の言葉だと説かれている。（この引用文では、「と『とが逆だが）即ち「道」こそは「真理」であり、それを伝えるのが「天の使い」でもあると言うことだ。その「道」はいわば「人倫の道」であるから、これに従うのが、全ての人間の務めなのであり、これを伝え、また行うのが、〝全人類のあるべき姿だ〟と言えるのである。

そこで再度『老子と暮らす』という加島さんの本から、『老子』第四十四章の意訳された詩を紹介しよう。

『(前略) 命を大切にする人は、
地位が低くたって、
収入が多くなくたって、あまり気にしないのさ。
自分の生きる楽しさを犠牲にして、名誉や地位を追う者は、
じつはいちばん、「何か」をとりそこねている人だ。
ひたすら金銭や物を貯めこむ者は、
じつは大損をしているのさ。
いま、自分の持つものだけで満足すれば、
平気な顔でいられる。
何かほかを求めず、ひとに期待しなければ、
デカい顔でいられる。
「まあ、こんなところで充分だ」と思っている人は、

ゆったりとこの世をながめて、
いま持つもので、けっこうエンジョイできる。
そして、社会は自分のものだという気になるのさ。
だってその人は、
社会よりデカいものとつながっているからだよ。』（158〜159頁）
この「社会よりデカいもの」が「道」であり「神」なのである。

自由の有り難さ

神と戦争

平成十五年の三月二十日は、アメリカがイラクに対して、武力攻撃を開始することが決断された日であった。この決断は、むしろイラク側で採られたもので、アメリカは四十八時間以内の猶予《ゆうよ》を与えて、フセイン大統領と息子との国外亡命の選択を許した。それより以前の二月二十一日の『産経抄』にはこう書いてあった。

『「しかし、だからといって…」というのが、いま日本のマスコミ（とくに多くの新聞）論調の決まり文句になっている。まやかしでへっぴり腰で偽善の常套《じょうとう》句といっていい。もっといえば右顧左眄《うこさべん》用語であり、世論迎合言葉なのである　▼たとえば、イラクは大量破壊兵器を隠している疑いがあり、国連査察の目をくらませているふしが強いことは認めている。イラクに非があることを認めていながら、「しかし、だからといって」武力行使をしたり、軍事行動を起こしたりしてよいとはならぬ、というふうに論旨を進める▼またたとえば、北朝鮮が核武装を構想し、北東アジアが重大な事態になっているこ とは認める。それでいながら「しかし、だからといって」性急な対応は好ましくない、話し合いを進めよというぐあいに議論を落としていく▼そういう新聞はイラクへの制裁や懲罰にわざわざ「イラク戦争」という詐術的表現を用いる。戦争とくれば、けんか両成敗やどっちもどっちという印象を与え、反戦運動が誘導されていく。反戦とくれば、だれもが反対しにくい。反戦デモが起これば待ってましたとばかり大々的に報道するのである▼しかし東西冷戦の谷間で起きた八〇年代の反戦・反核運動の多くは、ソ連が画策した反米運動だったことは常識ではないか。進歩的文化人が総動員され、マスコミは謀略にまんまと乗せられた。その苦い教訓が全く生かされていないのはどうしたわけだろう▼マスコミは世論につれ、世論はマスコミにつれで二人三脚のように合唱し、〝反戦の波、地球を回る〟などとはしゃいでいる。二人の独裁者がにんまりほくそ笑んでいるのに気がつかない。あるいは気がつかないふりをしているのである。』

この世の中の争いや戦争は神の創造されたものではない。だから本来ないものである。そこで人々は、「反対」を叫びたい。ただこの世と言う現象界は『仮相《かそう》』であるから、人のコトバや想《おも》いで作られていく。丁度《ちょうど》芝居の舞台のようなものであるとは、以前からしばしば指摘した所である。

だからイラクでの戦争も、ただ「反対」と叫んでおれば消えるものではない。どんなに大勢で、声を限りに叫んでも、消えることはない。それは病気でも、不景気でも、「反対」と叫んでも、念じても、呟《つぶや》いても、消えないようなものだ。ではどうしたら良いのかと言うと、一つには「芝居の筋書きを換《か》える」こと。そしてもう一つは、「神の国」の実在世界を「信じて念ずる」つまり「神想観」を、世界の大多数の人々が実行することである。

宗教と言論の自由

次に芝居（現象界）の例で言うと、病院に行って手術をしてもらったりするだろう。時には「自然治癒力」で治ることもある。また時には、プラシーボと言って、〝偽《にせ》の薬〟でも治ることがある。「これは治る薬だ」と強く信じた場合だが。しかし「神の国」なる実相世界に、病院があるわけでもなく、手術をする医者が居るわけでもない。ただ無限の智慧《ちえ》と愛と調和がみちみちている〝実在界〟なのである。

そしてこれらを支配するのが、「信仰」と「コトバ」だ。「宗教」と「言論」と言っても良いだろう。ところがこの事実を知らない人が、実に多い。しかも世界にはこれら二者が「自由」である国と、「自由でない」国とが入り混じっているから、実にややこしい。例えば今も戦争状態で混乱しているイラクについては、まだ戦闘が始まる寸前の平成十五年三月十八日の『讀賣新聞』に、こんな記事が載っていた。

《(前略) イラクでは、外国人の「人間の盾」志願者が、米国の攻撃を体を張って阻止しようと意気込む。だが、彼らが宿泊するホテルの四十代の男性従業員は彼らを横目で見ながら言った。

「この国は監獄だ。我々はいつまで現体制の下で我慢を続ければいいのか」

そして、こう付け加えた。

「ブッシュ大統領の連絡先を知っていたらすぐに電話をかけて欲しい。『攻撃を早くしてくれ』と」

(バグダッドで　相原　清)》
つまりこの国では、言論の自由はなかったのだ。全《すべ》ての独裁国や共産主義国では、言論の自由が抑圧されているし、日本でもかつての第二次大戦中は、大幅に抑圧されたことは、まだわれわれの記憶に生々しいところだし、戦後の占領期間にも、大幅に検閲されたものだ。さらに「信仰の自由」についてはどうだろう。同じく平成十五年三月十九日のジャパンタイムズには、こんな記事が載っていた。

コトバの力を活用する

原文はNo particular concernと題しての英文だが、その要約文もあったから、それを紹介すると、以下の如くである。

『米国務省が最近公表した信仰の自由を認めていない国のリストには中国、イラン、イラク、ミャンマー、北朝鮮、スーダンが記載されているが、ウズベキスタンとサウジアラビアが欠けている。特にサウジではイスラム教以外には一切の活動が認められず、他教への改宗者は死刑に処せられる。政府が認めない方法でのイスラム教の布教者は監禁され、シーア派も差別されている。国務省高官の発言から察するに、これら両国がリストからはずされたのは米国の同盟国だとの理由らしいが、これでは政治的な笑い話だ。人権の場合と同様に、信仰の自由に違反している国は米国との関係とは切り離して正直に明記されるべきだ。（ワシントンポスト）』
このような記事によっても、いかにこの「二つの自由」が阻害《そがい》されているかが分かるに違いない。と言うのは、正しい信仰生活によって「神の国」の大調和世界がこの現象世界に引き出せるし、コトバの正しい使い方によって、現象界の全てを現実化することになるからである。そこで、今世界中のデフレ経済的危機に際しては、「インフレ目標論」が現れてくる。同じく平成十五年の三月十五日の『讀賣新聞』には次のように書かれていた。記者と伊藤隆敏東大教授との問答だが、
《――日本経済の現状は。
「物価下落が加速度的に進むデフレスパイラルに入っている。本来ならこれだけ景気が悪ければもっと金利を下げるべきだが、名目金利は現状の『ゼロ金利』より下にはならない。モノの値段や給料がどんどん下がる一方で金利は下がらないから、住宅ローンを抱える人はローンの返済が苦しくなっているし、企業も借金の負担が重くなっている。その結果、消費も投資も減り、総需要が減ってさらにデフレが進む悪循環に陥っている」
――新総裁の下で日銀は何をすべきか。

「政府との約束としてインフレ目標を導入すべきだ。例えば『二年後にインフレ率が1―3％になるように金融政策を行う』と宣言する。実現には、伝統的な政策手段にとらわれず、かなり思い切ったこともしなければならない。だが、戦後の先進国では経験のないデフレで金利ゼロという状況なのだから、理論的に効果が期待できる方法ならば、試したことがないという理由でためらうべきではない」

「具体的には、日銀が、株価指数と連動する上場投資信託（ＥＴＦ）や不動産投資信託（ＲＥＩＴ）を買い入れるなど、多少リスクのある資産でも市場でちゃんと値段のついているものは購入する。そうして資金供給量を増やすことが、金融政策の柱になる」（続く）》

よくインフレ目標を立てると、インフレの歯止めが利かなくなるとか、まだ世界では成功していないなどと言う議論があるが、全ての実験や発明は、「初めて」でないと駄目《だめ》なのだから、「正しい」と思ったらやればよい。それには「神想観」のような瞑想《めいそう》が大変役だつのである。

インフレ目標論

『――日銀は今でも「消費者物価の上昇率が安定的にゼロ％以上となるまで金融の量的緩和を続ける」と表明している。

「それは二つの意味でインフレ目標とは違う。一つは目標値の上限を決めていないことで、もう一つは達成の期限を切っていないことだ。上限を決めることで、インフレが行き過ぎる前に金融引き締めに入ることもできる。また、期限が切られていなければ、日銀執行部の真剣さが伝わらない。福井氏のこれまでの発言を聞いていると、インフレ目標を完全に否定はしていないようだ。今後、どういう意見や行動につながっていくか、注目したい」

――小泉首相が「新総裁はデフレ退治に積極的な人を」と強調したことが、逆に、独立性を重視する日銀の足かせにならないか。

「いったん総裁に選ばれれば、独立性が保証されるのが新日銀法の枠組みだ。日銀が自らインフレ目標の達成期限を決めて金融政策に責任を持てば、目標達成の方法について政府に口出しされることもなくなる。政府と中央銀行の距離を取るという意味でも、インフレ目標というのは良い仕組みだ。そのうえで目標が達成できない時は、総裁が責任を取ればいいのであって、それだけの覚悟を持てば、だれもが日銀も本気だとわかるだろう」（後略）』

ところで、先ほども述べたが、「信仰の自由」は極めて大切であり、あるようでいて無いか、又は中途半端である国がたくさんある。しかし日本国は幸いにして、神道《しんとう》の「八《や》百万《およろず》の神々」の伝統から、割合他宗を排斥することがすくなかったのは、よい具合であった。ことに生長の家は「万教帰一《ばんきょうきいつ》」だ。しかしこの教義は「どんな宗教を信じてもよい」と言うようなことでは、断じてない。

それは『万教帰一の神示*』のなかにある如く、神なる「われ」は、姿なきものであると説き、さらに、

《（前略）われは『七つの燈臺《とうだい》』に燈《ひかり》を點《てん》ずる者である。古道も、佛教も、キリスト教も、天理教も、金光教も、黑住教も、大本教も、すべての教我《をしへわれ》に流れ入りて生命を得ん。われは大《おほい》なるものなるかな。すべての教を呑吐《どんと》して、これに生命を與《あた》へ、すべての相爭ふ教をその眞髓に於て握手せしめる。吾れはすべてを包容し、すべてに光を與へ、すべてに榮養を與へ、すべてを生かす地下水である。（後略）》

と記されているのである。例えば平成十五年三月十六日に、総本山の団体参拝練成会で、和歌山県海草郡野上町柴目《しばめ》という所に住む松下忠夫さん（昭和五年三月生まれ）が次の様な体験を話された。昭和五十一年の夏ごろ、彼は姉さんの様な人から生長の家の月刊誌をもらって、三ヵ月ほど読んだ。そして「こんな素晴らしい本を、ただで貰《もら》っては相済まない」と思い、

「どんなにしたら毎月読ましして貰えるか」

と訊《き》いて、聖使命会に入会し、毎月購読しだした。忠夫さんの父は、彼が五年生の時の夏、軍隊に召集され、それからは母に連れられて、父には何回も面会に行った。父母には四人の子供がいて、忠夫さんの下に妹二人と弟一人だった。九十九歳で亡くなられたお祖母さんもいたが、父の入隊はまるで大黒柱が抜けたようだった。そしてこの父は二年ほどして、ニューギニアで戦死されたのである。

伝道と求道の心

幸い遺骨は届けられたが、それからは母から「〃後家《ごけ》の子〃と言われるなよ」とばかり言われて、厳しく育てられた。そこで彼は「よし、両親のそろった子に、絶対負けん

ぞ」と思って頑張り通した。やがて生長の家を知らされた時、

「もっと早く知らされたらよかった！」

と悔やんだと言う。しかしまだ四十歳台だから、遅すぎはしない。何故なら、死後の世界でも、「無限の人生」がまだいくらでも続くからである。

　こうして忠夫さんは、その後は真剣に生長の家の生き方を実行し、妹さん達も良いところに嫁いで、あれよあれよと言われるくらいに儲かったそうだ。しかし忠夫さんは地道に農家をついでまじめに働き、多くの人に生長の家の教えを伝え、幹部活動をして、平成十三年まで相愛会長＊や総連会長＊を務めたのだ。

　また昭和五十三年からは毎年総本山で谷口雅春先生のご講話を聴いて、大いに感動した。さらに普及誌は、毎月百二十部を郵送する愛行を続けたという。

　しかしここで特に言いたいことは、この松下さんの母方の祖父母が、昔、天理教の熱心な信者さんで、歳取ってからも、住まいを転々と変えてまで、布教を続けられたと言うことである。

　このような愛行の心が、まるで地下水の如く、忠夫さんの心に伝わって来て、生長の家の本を一読しただけで、「これこそ本物の教えだ！」と直感されたのにちがいない。そ

れは天理教が生長の家と同じだと言うのではない。そこに「万教帰一」の原理が働いて、愛行と伝道の真心となって流れていると言うことなのである。彼自身もそれを自覚しておられたようで、

「そのくらい熱心なお祖父《じい》ちゃん、お祖母《ばあ》ちゃんだった。その血を継いでるのか、素直に信じると言う性分があるのか、この素晴らしい教えにホントに素直に実行できたんだと思っています」

と話しておられた。さらに又すべての善行は、必ず善果を生むものである。平成十三年、忠夫さんは七十一歳になり、定年だと言うので地方講師職以外の役職を全部やめ、やれやれと思っていると、脚腰や手が痛くなってきた。そこで整形外科（県立医大）に行って診て貰い、レントゲンやＭＲＩなどを撮って貰うと、後縦靭帯骨化症《こうじゅうじんたいこっかしょう》と言われ、脊髄の骨が神経にあたるようになったので、その骨を削る手術をする必要があり、さらに糖尿病もあると言われた。

そこで平成十四年九月十八日に県立医大病院で手術を受けることになり、あらかじめ輸血用に８００ccの血を採ってもらってから手術を受けた。すると血は３００ccしか要らんことになり、残りはまた体内に返してくれた。しかも術後の回復はとても速くて、

六日目には糸を抜き、八日目の九月二十六日に退院することが出来たのである。ついでに糖尿病の方も回復し、柿やみかんの収穫にも充分間に合ったと言う結構な話であった。

*『万教帰一の神示』＝谷口雅春大聖師が昭和六年に霊感を得て書かれた言葉。
*相愛会長＝生長の家の男性のための組織である生長の家相愛会の単位組織の長。
*総連会長＝生長の家相愛会の各教区の地区総連合会の長。

「一神即多神」について

食糧不足の時代

現在の日本は、豊かな食糧事情に恵まれている。肉や鳥がウイルスに汚染されて、輸出入が禁止された時もあったが、それでも食糧に困るということはなかった。それどころかスシがアメリカを始め世界中に拡がり始めて、テンプラと共に日本の〝代表選手〟のように見なされる勢いである。

しかしかつての日米戦争の末期から占領統治時代の初期にかけての食糧不足は、全くひどいものだった。食糧の配給が不足したからである。例えば平成十六年一月十六日の『毎日新聞』には、茨城県土浦市の茅場進さん（70）の、こんな投書が載っていた。

『飽食の時代。食べ物の大切さを知らない子供が多い中で、私が子供時代に体験した食糧難の苦しさや悲しさを伝えたい。

戦時中、戦禍を逃れて私たち家族は田舎へ疎開した。農村に住んではいるが田畑を持たない私たちは、食糧を確保するために苦労した。

常食はイモと大根を混ぜたおかゆだ。困るのは学校へ持参する弁当が作れないことだ。母は、おかゆを水筒に入れて持って行けと言うが、面倒だし恥ずかしいので、いつも弁当なしで登校し、昼は水道の水を飲んで我慢した。

そんな私の様子を見ていた級友のT君が、時々弁当代わりに持参したサツマイモを取っておき、下校途中にそっと私に手渡してくれた。口いっぱいに広がるサツマイモの甘さ。そして、空腹を満たしてくれた喜びと感謝の気持ちが胸にこみあげ、思わずポロリと涙を流したことが思い出される。

今、食卓の豊かな食べ物を見ながら、子供時代の苦しかったことを思い出している。』

昼の弁当がなかったので、水を呑んで我慢したというから、よほどひもじかったのだろう。それを見かねて、友達が弁当の代りのサツマイモを手渡してくれたというから、とても深切な生徒さんだ。貰ったので食べた進さんも、サツマイモの甘さに涙がこぼれたというから、現代日本の小学生にはとても味わえない体験だ。

そんな食糧の足りない時代を、私も多少は経験した。終戦直前には米軍の攻撃機が松江市の近くの乃木村にあった〝傷痍軍人療養所〟を攻撃した時、入所していた私は、陸軍から支給される麦飯入りの食事を、タップリ与えられていたので、量が不足したことはなかった。しかし実家が農家の兵隊達は、何かと米やおかずを持参してくれるので、しきりに「農家はいいなァ」と思ったものであった。

様変り

だが私の家内は、当時も東京都渋谷区の原宿にある今の住宅（当時は雅春先生の私邸だった）に住んでいたから、毎日庭に植えたカボチャばかりを食べていた。だから、手や足が黄色くなったと嘆いていた。雅春大聖師は、決して〝闇買《やみが》い〟などはなさらず、庭にカボチャを植えてそれを主食とし、イモや野菜を作っておられたのである。

だから終戦直後に、私が上京して本部入りをした頃は、職員一同で麦を植えて育てたものだ。場所は今の本部会館の建っている敷地一帯であった。それもまだ食糧が不足するから、幹部さんの中にはコンニャクを食糧代りにして、栄養失調らしいものになった人もいた。そんな所へ恵美子さんが自転車に蕗《ふき》を積んで運んでくれた。彼女の従妹の晴子さんなどは、とても力強くこうした農作業をしていたものである。

しかし、平成十六年ともなると、とても豊かな食糧事情で、市場《いちば》でもコンビニでも、食べる材料は何でもある。弁当なども各種類が取り揃えてあり、しかもその品物が一日でどこかへ消えてしまうのだから、不思議な現象だ。閉店間際に行くと、安くなっているらしい。さらに残飯となるとホームレス氏のものとなるという話である。（以下は平成十六年一月十六日の『讀賣新聞』より要約）

こうした調理済みの弁当や総菜を買って食べるのを「中食《ちゆうしよく》（なかしよく）」という。コンビニエンスストア各社は、これに力を入れて、味をうまくし、デパートの食品売場（デパ地下）や弁当屋と競争しているようだ。

そしておまけにこうした品物をタダで試食までさせてくれる。お客は満足して、〝試食専門家〟まで出来てしまった。しかも客に質問して、どんな総菜や弁当を買うかをアンケート調査したりするのである。

『（前略）セブン―イレブン・ジャパンによると、二〇〇二年のおにぎりや弁当などの「米飯」市場に占める同社のシェア（市場占有率）は12％に達するが、総菜は４％にとどまっている。「逆に見れば、これから伸ばせる分野」（広報室）と、取り組みを強化している。

第一歩は、「コンビニで総菜は買わない」という消費者の常識を覆すことだ。試食、近隣住宅へのチラシ配りのほか、テレビCMでも「デパ地下と比べて欲しい。あの有名店と比べて欲しい」と、アピールしている。

品数は従来通り三十品ほどだが、味の向上に力を注ぐ。例えば、肉じゃがの材料は、煮崩れしにくい「メークイン」から、ほくほくした食感の北海道産「男爵いも」に変え、家庭の味に近づけた。（中略）』

このようにして、現在の日本は、過去の貧困時代とは全く逆の、〝売り手競争〟の豊かな時代に突入しているのだ。大戦争後の〝買い出し人〟が破れた列車の窓から飛び込んで、〝闇買い〟までした時代とは全くの様変《さま》りである。

経済の発展だけか

『（他方）ローソンは今月二十七日、年齢層の高い消費者の好みを意識した新しい弁当を発売する。コンビニ弁当の定番だった揚げ物を一切入れず、中高年が好む煮物や焼き魚をおかずの中心にすえる。値段は五百八十円と、平均単価が五百円弱のコンビニ弁当の中では高めだが、新潟産コシヒカリを使うなど素材や味を重視した。ローソンは昨年から、首都圏、近畿、東海の三地域で、自社開発の弁当や総菜に合成着色料と保存料を使うのをやめている。業界では、セブン―イレブンに次ぐ措置で、コンビニ各社は、消費者の安全・健康志向への対応も強化している。』（平成十六年一月十六日『讀賣新聞』より）

このような会社間の競争市場は、たしかに経済発展の原動力となりうる。しかし人間の社会や国家は、経済だけではなく、文化や道徳、そして正しい宗教の進歩向上がなければ永続して発展するものではない。道徳と宗教は直結しているからである。

この点は老子の教えや荘子の教えにも説かれているが、かつて平成十六年の『光の泉』一月号*にも紹介したように、老子は「道徳教」と言われる位、「道徳」を説いたが、老子の「道」はタオと発音して「真理」そのものを指している。「実相」や「実在」のことであるから、「無為」とも「無」とも言う。「始めなき始め」なのである。即《すなわ》ち、

『道可道、非常道。名可名、非常名。（道《みち》の道とすべきは、常の道に非《あら》ず。名《な》の名とすべきは、常の名に非ず。）

無名天地之始、有名万物之母。（名無きは天地の始め、名有るは万物《ばんぶつ》の母。）

故常無欲、以観其妙、常有欲、以観其徼。（故に常に無欲にして以《もっ》て其《そ》の妙を観《み》、常に有欲《ゆうよく》にして以て其の徼《きょう》を観る。）……』

と説いている。この「徼」とは、現象世界のことだ。有欲が現象界を見るのに対して、無欲が「実相世界」の〝妙〟を観る——ということである。このタオの教えは『甘露の法雨』に記されている「実在」の項の、

『実在は宇宙に満ちて欠けざるが故《ゆえ》に道と云《い》う。
道は神と倶《とも》にあり、
神こそ道なり、実在なり。（後略）』

とあるところと合致する。そして又「招神歌」の中に記されている御言葉、

『生きとし生けるものを生かし給《たま》える御祖神元津霊《みおやがみもとつみたま》ゆ幸《さきは》え給え。
吾《わ》が生くるは吾が力ならず、天地《あめつち》を貫きて生くる祖神《みおや》の生命《いのち》。
吾が業《わざ》は吾が為《な》すにあらず、天地《あめつち》を貫きて生くる祖神《みおや》の権能《ちから》。
天地《あめつち》の祖神《みおや》の道《みち》を伝えんと顕《あ》れましし生長の大神《おおかみ》守りませ。』

とも一致するところである。しかもこの教えは、釈尊の「執着を去れ」という「放ち去る」ところの教えとも同じ内容であると言うことが出来る。多くの正しくない宗教

は、何か執着心でもって、「あれが欲しい」「これを下さい」という方便や手段として神仏を礼拝するが、却《かえ》ってこれが多くの人々の心を惑わし苦しめ、失望させているとも言えるのである。

道《タオ》について

そこで、この老子の教えを継いだ「荘子」も色いろな点で更にこの教えを拡大して説いている。人間の智慧にもピンからキリまであるから、その智慧が「神智」に近いほど良い。これを荘子は「大知」と言い、人間知恵のことを「小知」と述べて、こう言っている。

『大知は閑閑《かんかん》たり、小知は間間《かんかん》たり。大言は炎炎《えんえん》たり、小言は詹詹《せんせん》たり。其《そ》の寐《い》ぬるや魂《こん》交わり、其の覚《さ》むるや形開き、与《とも》に接して構を為《な》し、日日《ひび》に心を以《もっ》て闘《たたか》う。』（荘子内篇・第二斉物論篇ノ四より・中公文庫）

即ち「大知」のある者はゆうゆうとして遠近を自由に見透《とお》し、「小知」なる者はコセコセとしていて、部分的な見解に執《とら》われてしまう。その知恵は全てコトバに現れてくるから、「大知」なる者のコトバ（大言）は、燃え盛っている炎のように強く美しく、「小知」の者のコトバ（小言）は、口数ばかりがペラペラと多くて、物事の一部しか表現し得ないのである。そこで多くの人びとは、寐《ね》ている時はその魂が物に動かされ、覚めている時はその感覚が物にふれて混乱し、心がそれら外物と闘って安らかでない——というのである。構《こう》は交の意味である。

そこで前に例示した「弁当」の話でも、「小知」の者は「小言」でもって、なるべく〝安い弁当〟とのみ思い込み、その値段の低さに引っ掛っているが、いささか「大知」に赴くならば、上にも下にも心が動いて、〝自由自在〟を得る。例えば平成十六年一月十八日の『産経新聞』には、次のような記事が載っていた。

『JR東京駅構内の新幹線中央改札近くにある通称「5号売店」。昨年十月三日、この駅弁売り場で一個三千八百円もする駅弁が売り出された。

商品名は「極附《きわめつき》弁当」。北海道近海で一日に十匹ほどしか取れない上質の鮭《さけ》を使った若狭焼きや、三重県産の天然岩海苔《のり》煮フカヒレ入りなど、全国から最高の食材二十四品を集めた。

考案したのは駅弁企画・製造会社「NRE大増《だいます》」社長の表輝幸（四〇）。

発売前、親会社のJR東日本の幹部は「常識を超えている。売れるはずがない」と渋い顔をした。しかし、販売初日から完売。当初の「一日限定三十食」から一日七十食に増産したが、今でも午後の早い時間には売り切れてしまう。

「ふだんは倹約していても旅行には十万円かける人もいる。値段に見合う価値さえあれば必ず売れると思いました」。表の思惑は見事に当たった。（中略）

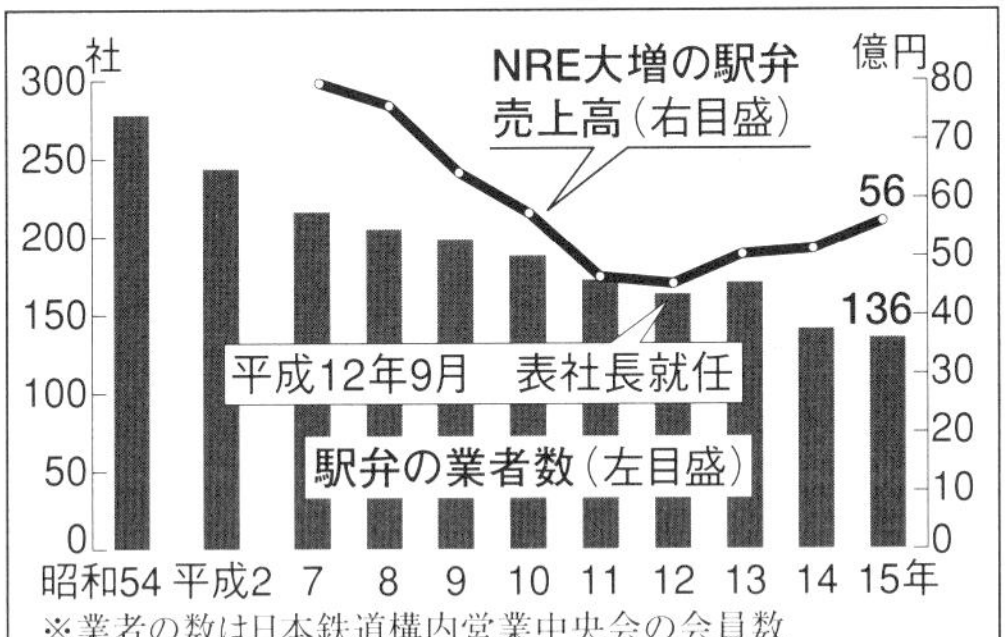

※業者の数は日本鉄道構内営業中央会の会員数
※平成13年から14年にかけての大幅減は九州地区の会員の脱退による

表の〝駅弁改革〟が始まった。デパ地下の弁当にも負けないものを─との意気込みのもと、和・洋・中の一流シェフに競ってもらい、三種類の新しい駅弁を就任三カ月で発売した。駅弁の相場が七百─八百円のところ、千三百円という高めの価格だったが、大当たりした。

開発には、ご飯の味を客観的に判断するため七百万円をかけ食味計を導入。米の炊き方をさまざまに研究し、設定した目標をクリアした。

その後、シルバー層をターゲットにした二千二百円の駅弁「大人の休日」を発売。少量で多くのメニューをそろえ、持ち帰りのできる秋田杉製の箱を使ったことが大ヒットにつながった。

「駅以外で売っている弁当を含め最高のものを」という志で作られた極附弁当はこの延長線上にあった。が、表は現状に満足しているわけではない。「まだまだやれる余地がある」。表の発想は無限大に広がっていく。＝敬称略（山本雅人）』

「大知」と「小知」

私はまだ一個三千八百円もする〝駅弁〟は食べたことがない。羽田の空港から総本山へ出講する時などは、空港のロビーで、よく「弁当」を買って、待合椅子の並んでいる場所で、秘書さんなどと食べるが、大抵千円以内の七、八百円といった弁当である。それでも結構うまく出来ていて、種類も沢山ある。便利な世の中になったものと感心していたが、三千八百円以上になる「駅弁」があるというから、これも大変結構だ。上には限りなく伸び、下にもさらに伸びて、〝百円弁当〟というのが出来てもおかしくはない。

ただ私は、あまり塩辛い味は好まないので、レストランの昼食は、関東ではとかく塩辛くなるので、まあ「ご遠慮申し上げる」といったところである。その方が健康のためにも良いようだ。近ごろは和食の長所が次第に国際的評価を得つつあるが、日本人の長寿の一要素としては、油こくなく、塩辛くなく、魚や野菜が豊富に食べられる点が大きな原因である。

さらに欲を言えば、煙草《たばこ》を吸わないことや、酒類を控える心になるならば、もっと寿命が伸び、健康生活が永続することは、確実だ。殊に「歩きタバコ」は周囲の人びとの迷惑になるし、子供や未成年者の眼や皮膚を刺戟して、「吸いたくならせる」逆効果まであるから、禁止する方向に進むべきであろう。世界の文明国の中では、この点で日本は遅れ勝ちである。ビニールの買物袋や、ビニールの小皿や、二重三重の木の箱、金属の箱などは、限られた地球資源の保護のために、「大知」の中に送り込んでやめた方が賢明であろう。

何故なら「神智」の中には、タバコも酒も、ビニールや木箱金箱、ドルや円や、密輸入など何もないからである。実在するのは、ただ純粋な「真・善・美」「そのままの心」無為・無学・神への全托の心だからである。

従って「神の国」は〝借金〟も〝ローン〟もない世界だ。これがアルのとナイのとでは、人間の〝自主性〟が大幅に変化する。ナイ方が「自由」なのだ。財産でも沢山アル方がよいと思う人も多いが、ナイ方がよいこともある。いくらバブルが弾けても心配ないし、株価が上がっても下がっても、「無《む》……」と言って唸《うな》っておればよい。財産争いで一喜一憂することもなくなって仕舞う。選挙運動をして、票を金で買ったと言って拘留される政治家もいるが、これらを無くすには、お釈迦さまの教えのように「欲を捨てる」こと「捨徳」以外にはないのである。つまり「無我」ということだ。それをもっと短縮して「無」とも言う。すると「無一物中無尽蔵《むいちぶつちゅうむじんぞう》」の心境が浮き上がり、本当に〝無尽蔵〟となるのである。

一即多

こうして「無一物」と「無尽蔵」とは、一見正反対のようだが、その窮極においては「一」である。即ち「一即《そく》多」の〝神意〟が現成《げんじょう》する。従って『荘子』内篇の一六節には、こう記されている。（中公文庫・五六頁）

『一六　天下は秋毫《しゅうごう》の末より大なるは莫《な》く、而《しか》して大山《たいざん》を小なりと為《な》す。殤子《しょうし》より寿なるは莫く、彭祖《ほうそ》を夭《よう》と為す。天地は我と並び生じて、万物は我と一《いつ》たり。既《すで》に已《すで》に一たり、且《はた》言《げん》有るを得んや。既に已に之《これ》を一と謂《い》う、且た言無きを得んや。　と言と、二と為り、二と一と、三と為る。此《こ》れより以往《いおう》は、巧歴《こうれき》も得る能《あた》わず。而《しか》も況《いわ》んや其《そ》の凡なるをや。故《ゆえ》に無より有に適《ゆ》くも、以て三に至る。而も況んや有より有に適くをや。適くこと無し。是《ぜ》に因《よ》る已《のみ》。』

ところが世間では、「天下には秋の獣《けもの》の中で、その毛の先の末端より大きいものはなく、泰山《たいざん》（大山）より小さいものはない」などと言う。泰山とは中国の山東省にある名山で、道教信仰の中心であり、千五百二十四米もある大山だ。大小が逆転している。幼くして死んだ子供が、一番長生きをし、七百歳まで生きたとされる彭祖《ほうそ》が若死《わかじに》をした、などという逆説もある。彭祖は中国古代の伝説上の人物で、常に桂芝《けいし》を食べ、よく死に臨んだ人を導き、七百歳以上も生きたと伝えられた人である。

さらに又言うならば、永遠の天地も、吾《わ》が束《つか》の間《ま》の一生と同じく、無数の万物も吾《われ》一人と同じだと言うことも出来る。大小長短は全て現象界の観察や比較だから、本来「無」であり、「一」なのである。渾《すべ》てが「一」であるのが実在界だ。この実在界は対立や差別を言う言葉で表現することは不可能である。そこで「一」と言っても、正しい表現（コトバ）とも言えない。しかし「一」を表現するには、何らかのコトバが必要になるだろう。

そこで「一」と言うと、「二」となり「三」となって、それ以上はどんな知恵者も訳が分からなくなる。もちろん凡人には何が何だかサッパリ分からない。それ故「無」から「有」なる現象界に入ると、こうして「多」と言わざるを得なくなる。即ち「一神」が「多神」として礼拝されたり祭られたりするのだが、そのような区別を論じ立てて争ってはならない。〝自然法爾《じねんほうに》〟、〝そのまま〟がよろしいのである。

恩を知ること

そして又「理屈」のみに走らず、「愛」や「恩」や、「感謝」などの心の領域を完《まっと》うするのが、「道」であると説く。すると〝自然に〟現象界の全ても適当に整って来るのである。そこに「真理」の偉大さ、「神の国」の現成《げんじょう》がありうると言える。例えば、平成十六年一月十九日の『讀賣新聞』の「編集手帳」には、次のようなある会社の記事が載せられていた。

《「『年末資金二億円なければ倒産する』という最悪の事態に追い込まれていた。存亡の危機である」と社史に書かれている。どの会社か、おわかりだろうか◆想像し難いが、トヨタ自動車である。今や年間の売り上げがトルコの国内総生産（ＧＤＰ）に匹敵する。日本企業の勝ち組筆頭にも、そんな苦難の時期があった◆五十年史によると、終戦直後の一九四九年（昭和二十四年）のこと。ドッジ米公使の緊縮政策のあおりで、トヨタが手形を落とせなくなった。日銀名古屋支店長の呼びかけに応じ、民間銀行が協調融資に踏み切り、救ったという◆「あの時の恩は忘れません、とトヨタの幹部に会うと言われます」と現在の中山泰男・日銀名古屋支店長。トップや役員は代わっても、「恩」は語り継がれてきた。協調融資がなければ、今のトヨタはなかったに違いない（後略）》

人間でも企業でも国家でも、あらゆる「心」の関与する組織にとって、「恩」を知り、それを語り継ぎ、子々孫々《ししそんそん》に伝え残し、更に発展し、「報恩」するということは、とても大切な善き行為である。これが欠落し、理屈や計算や打算のみに走ってしまうと、必ず何らかの不完全な姿が現れて、生命力の減退が現れてくるものだ。そこで生長の家の『大調和の神示』には、こう記されている。

『（前略）皇恩《こうおん》に感謝せよ。汝《なんじ》の父母《ちちはは》に感謝せよ。汝の夫又は妻に感謝せよ。汝の子に感謝せよ。汝の召使《めしつかい》に感謝せよ。一切の人々に感謝せよ。天地の万物《すべてのもの》に感謝せよ（後略）』

この「皇恩」とは、皇室の御恩である。これは外国にある「王室」とも内容が少し違っていて、万世一系《ばんせいいっけい》の天皇陛下のましますわが国のことだ。一時的に王となり給うた国王にも、勿論《もちろん》ご恩があるし、それに感謝することは好い行いである。途中で謀反《むほん》を起すよりは善行と言える。

しかし神武《じんむ》天皇以来歴代の天皇陛下が永続して即位して来られたという事は、世界でも類を見ない所である。それが「神の国の永続不滅性」を具体化し現成《げんじょう》しているから素晴らしいのだ。

しかもわが国の天皇陛下は、政治の中心であるよりは祭り事を司《つかさど》ることが主たる司祭のお役であり、全ての政治や法的支配は為《な》されなかった方々である。つまり「神意を行ぜられるお役」である所が「皇恩」の素晴らしさなのである。

＊平成十六年の『光の泉』一月号＝同誌に掲載された著者の論文「『道』を説く人」は、本書の一一三〜一三六頁に収録。

「古事記」のコトバ

夢の話

人は眠っている間に、夢を見る。眠りの浅いときに、よく見るらしい。普通は〝雑夢〟と言って、筋や前後関係がデタラメの夢が多いが、これも〝ストレス解消〟の手段であるから、あ、り、が、た、い、のである。昔は夢判断と言って、フロイト等も非常に問題にしたが、そんなに気にする必要はない。丁度《ちょうど》鍋を火にかけて、下から熱を加えると、やがて鍋の蓋《ふた》の小孔《こあな》から湯気が出始める。その小孔をふさいでおくと、蓋が持ち上がって、中身の汁などが吹きこぼれるだろう。そうならないように小孔があけてあるのだ。

そのように人の心に溜《たま》ったストレス（ストレイン）を、〝夢の小孔〟から排出して、安全な状態になるようにしてあるのが〝夢〟なのである。だから悪夢のように見えても、悪い運命が来るという予言ではなく、〝死んだ夢〟でもありがたいものである。ことに正月などに見る夢は、昔から〝初夢《はつゆめ》〟といって珍重されて来たが、これも特別例外という訳ではない。ところで平成十六年一月三日の〝産経抄〟には、次のような〝初夢〟の話が書いてあった。

『初夢を見た。おかしな夢だった。「宝船」の絵を枕の下に敷きそこなったので「一富士、二鷹、三なすび」のような縁起のいいものではなかったが、そう悪くもない。むろんとりとめもないものだったが、むしろめでたい夢の気がした▼ブッシュ氏によく似た米国人と、サダム氏にそっくりのイラク人が登場したが、奇妙なことに二人ともキリスト教徒でもなくイスラム教徒でもなかった。神仏習合の、いうならばニッポン教の信者になっていて、米国人は「自由と民主主義」を、イラク人は「聖戦」を唱えなかった▼米国は〝正義病〟に、イラクは〝原理病〟にかかっているなどという。イラク戦争の背景には宗教的価値観の対立があるともいう。思えばキリスト教もイスラム教もどちらもセム系一神教で、ともに後に引こうとしないところがある▼ところが夢の中のブッシュ氏似の米国人は、よく聞くと「諸行無常」だの「融通無碍《むげ》」だのとつぶやいていた。一方、サダム氏似のイラク人は「和をもって貴しとなす」などとのたもうていた。

もう憎み合うのはやめようといっていたのである（続く）』

ニッポン教

たしかに〝面白い夢〟だが、文中に出てくる〝ニッポン教〟という言葉は、初耳《はつみみ》だった。日本に昔から伝わっている、神と仏を一体として、あまり差別しない風習を言うものらしい。たしかに日本人は、子供が生まれると神社にお参りして、結婚式はキリスト教会に行ったり、クリスマスを盛大に祝ったりする。そして死ぬとお寺の坊さんに仏教のお経を読んでもらい、お墓に葬ったりするようなものである。

その上神道でも、色いろの神様が祭られていて、〝分業〟みたいな傾向である。これを〝多神教〟と呼んだりするが、本当は〝一神教〟でもある。同じ〝一神教〟と言っても、キリスト教やイスラム教は、お互いに「対立した信仰」のように思って争い合うのは、おかしな「一神教」であることはお説《せつ》の通りだ。さらに又続いてこう書いてある――

『▼いつだったか、日本のクリスチャン裁判官が「日本人は宗教的に無節操だ」とお説教を垂れたことがあった。なるほど日本人はクリスマスだ、除夜の鐘だ、初詣でだとごっちゃにやってしまう。しかしそれは無節操なのではない、宗教に寛容なのである、おおらかなのである▼ニッポン教は神さまだって間違えることがあると説く。だから人間が間違ってもその過ちを許し、みんな和気藹々《あいあい》と生きていこうと説く宗教なのである。ちゃらんぽらんこそ平和に生きるカギではないか。世界の人びとがニッポン教に改宗していくところで、目がさめた。』

　確かに一見「日本人は宗教的に無節操」と見えるかも知れないが、本当は「宗教に寛容」なのである。「宗教的に無節操」というのは、日本古来の宗教である「神道」の〝真意〟を正しく理解していないと何故だか分からないからだろう。しかし谷口雅春大聖師の御著書『限りなく日本を愛す』*や各地でのご講話の中で、日本古代の民族が「如何に天地開闢《かいびゃく》の初発《はじめ》を感じたか」という事が『古事記』の始めのところに書かれていると指摘されておられる。そして『古事記』の冒頭にあるところの、

『天地《あめつち》の初発《はじめ》の時、高天原《たかあまはら》に成《な》りませる神の名《みな》は、天之御中主神《あめのみなかぬしのかみ》、次に高御産巣日神《たかみむすびのかみ》、次に神産巣日神《かみむすびのかみ》。此《こ》の三柱《みはしら》の神は、並独神《みなひとりがみ》成り座《ま》して、身《みみ》を隠《かく》したまいき』

を各地で引用されて、「高天原」は宇宙全体のことを言うのである。宇宙全体といっても、その宇宙は、我々の見ている現象宇宙ではないのであって、〝実相宇宙〟であり、〝霊的宇宙〟といってもよいのであると話されている。

そして又「高」というのは、(黒板に下から上へ向けて縦線を引きながら)時間の象徴であり、生命《いのち》の象徴である。「原」が横の線、即ち空間の象徴であり、この時間と空間とが十字交叉して「天球《あま》」の相《すがた》になっているのが宇宙である。そして「高天原」は「実在」であり「実相宇宙」であり、これがさらに「生長の家」(生＝高、長＝原、家＝天)の名称ともなっていると説いておられるのだ。参考までに漢文の『古事記』には、次の如くに記されている。

「天地初發之時、於高天原成神名、天之御中主神。訓高下天云阿麻。下效此。」

天之御中主神

そして又「なる」というのは「鳴り響く」という事である。それ故『高天原に成りませる』というのは宇宙全体に鳴り響いておられたという意味で、その神様が、『天之御中主神』であると説かれている。天之御中主神は、宇宙の何処《どこ》にも遍満《へんまん》し、充《み》ち満《み》ちて、鳴り響いておられる神だというのである。この『高天原に成りませる』とあるのは「成りませる」と現在活用で書かれているから、神が宇宙遍満していられるのは永遠の現在なのであり、その遍満の神様が「天之御中主神」である。

しかし宇宙の一番初めの元の神様に名前は無いのである。我々の名前は、人間にはいろいろの人間があり、その区別を附けなければならないので、名無しでは困るからいろいろ名前を附けてあるけれども、元の神様は一つだから名前なんか無いのだ。神様に名前を附けるのは、人間が区別のために名前を附ける。それで、いろいろの宗教に従ってその本尊の神様に対する名前の附け方が違ってしまう。だから、或《あ》る場合には「天之御中主神」と名附け、或る場合には「阿弥陀」と名附け、或る場合には「エロヒムの神」と名附け、或る場合には「ゴッド」と名前を附けたりする。そして「名前が違うから別の神様である」と、こう勝手なことをいう。本来名前がない本源の神様に、勝手に名前を附けておいて、「これは別の神である」というのは変であろう。

そして又次には、「天之御中主神」に「之」という説明のコトバがついているが、これは本源の神様に「名前《なまえ》なし」であって、ただ「宇宙の御中《みなか》に主《ぬし》なるところの神」であるという説明の意味が「之」としてあらわされている、とも説かれている。さらに続いて、「未発之中《みはつのちゅう》」に就《つ》いてもこう説明しておられるのだ。

アメノミナカの「中」というのは、この天球の真中だけに在《ま》しますのであるかというと、そうじゃないのであって、この「中」というのは、シナの『中庸』という書物に

「喜怒哀楽未《いま》だ発せざるを中と言う。発して節《せつ》に当たるこれを和と言う」という具合に書かれているが、その「喜怒哀楽未だ発せざるを中と言う」の「中」が天之御中主神の「ミナカ」である。これを「未発の中《ちゅう》」という。「発せず」というのは「まだ起こらない」ということで、「喜怒哀楽未だ発せざる」とは、つまり、現象が未だ起こっていないその本源なるものが「中」なのである。「中」は偏《かたよ》らないのであって、現象が現われるということは、すべて、或る自己限定をして偏りに依《よ》ってその一部分が現われて来るのであると。

「絶対神」と「多神」について

そこで即ち「天之御中主神」とは「絶対神」であり、「一神教」の神である。しかも『古事記』には、次々に色いろの神様の御名前が出てくるが、これらは「一」なる絶対神の色いろの御働きを「神の名」で現したのであって、一見「多神」と見えても「一神」である。即ち「一即多」の〝根本原理〟がここに示されているのは、『古事記』の偉大なる所であり、古代からの日本人の心情に深く根ざしているから、「多神」を礼拝しお祭りしても、すこぶる寛大でありうるのだと説かれている。

さらにもう少し付け加えるならば、『古事記』には次に、

『高御産巣日神《たかみむすびのかみ》、次に神産巣日神《かみむすびのかみ》』

という神の名が書かれており、この「高御《たかみ》」というのは「高」とか「たくましい」という〝陽〟を現し、「神《かみ》」のカミは「下身《かみ》」であり「低」を意味しているから〝陰〟の原理なのである。即ちこの「二神」は「陽と陰」プラスとマイナスの原理を象徴する神名である。そして又「産巣日《むすび》」は「結び」であって、これは「新価値の創造」であるのだ。そこで左と右、陽と陰とが完全に結び合うと、「新価値」が其処《そこ》から生まれてくるのである。

即ち一神なる神と、そのプラスの働きとマイナスの働きとを加えたのが「三神」のお名前なのだ。そして又『古事記』には、『此《こ》の三柱《みはしら》の神は、並独神成《みなひとりがみな》り座《ま》して、身《み》を隠《かく》したまいき』と書かれている。

この神々は、並《みな》「独《ひと》り神《がみ》」であるというのは、単にこれらの神様が〝独身の神様〟であって、〝奥さんが無い〟という意味ではない。それは三柱《みはしら》の神様のように見えているけれども、「一つの神」であるということが「独神《ひとりがみ》」であるという表現である。そしてそれは、物質の肉体をもっている神様ではなく、無相《むそう》の相《すがた》無き神様であるということが

『身《みみ》を隠《かく》したまいき』という表現の意味である。

即ち「絶対神」や「陽陰の法則」などは、五官の感覚を超えているという真理が述べられている所だ。ところがさらに『古事記』には、「独神《ひとりがみ》」がもう二柱出てくる。つまり合計五柱の「独神」が次の如くに説かれているのである。

「一即多・多即一」

『次に国稚《くにわか》く浮脂《うきあぶら》の如くして、くらげなすただよえる時に、葦牙《あしかび》の如《ごと》萌《も》え騰《あが》る物に因《よ》りて、成りませる神の名《みな》は、宇麻志阿斯訶備比古遅神《うましあしかびひこぢのかみ》、次に天之常立神《あめのとこたちのかみ》。此の二柱の神も独神成り座して、身を隠したまいき。』（天地の初発の段《くだり》）
こう『古事記』には書かれていて、『身を隠したまいき』という唯一絶対の神様がまた二柱出て来た。こういうことが、一寸《ちょっと》西洋人には解らない。三柱が一つの神様であるというような事が判らない。また二つ出て来て合計五柱の神々になる。そしてそれが同じ一つの神様であるということがどうも解らない。「五柱なら五つじゃないか、〝五つ〟が〝一つ〟ということは有り得ない」というように西洋人の科学的な頭では考え勝ちだ。併《しか》しそんな科学的な頭では、どうしても世界の平和ということは出て来ない。〝五つ〟はどこまでも〝五つ〟で〝一つ〟ではないというのは、個人主義的な考え方でもある。ひとりひとり形が皆別に現われておったなら、別の存在であると思って、三十四億の全人類がいるとするならば、三十四億の人類はいつまでも皆バラバラの三十四億であって〝一つ〟ではないから、永久に一つになりようがないのである。

そこで、どうしても〝一即多・多即一〟という真理が判らなければ世界平和は来ない。一切の生命《いのち》は〝一即多〟であり、〝多即一〟である。〝多く〟見えているけれどもそれは〝一〟であり〝一つ〟であるけれどもそれは〝多〟である。或るキリスト教の牧師が日本へやって来て、「日本の民族は迷信家が多い。何故かというと、八百万《やおよろず》の神といっていろいろたくさんの神を祀《まつ》って拝《おが》んでいるから、あれは迷信である。しかも或る形ある宮を拵《こしら》えて拝んだりしているから、あれは偶像崇拝であってエホバの神様の最も嫌い給う処《ところ》のものである」なんて――そんなことをいった牧師があったそうだが、これは一即多という処の真理を知らないからそういう事を言ったのである。真理は、すべての神は〝一〟であると同時に〝多〟であり、〝多〟の姿に化身《けしん》または方便身《ほうべんしん》としてあらわれるけれども本来〝一〟である。また三十四億の人類は、三十四億であると共に同時に〝一つ〟の神のいのちである。それが判らなければ、世界の平和をいくら叫んでも、バラバラに別れて平和は来ない。それが解るのが日本民族である。今さら解ったのじゃなくて、『古事記』が書かれたその以前から、ずっと悠遠な歴史以前から、日本民族が言い伝えて来たところの其の天地開闢の物語を、そのまま稗田阿礼《ひえだのあれ》が憶えていて、それを太安万侶《おおのやすまろ》が書いたということになっているのが『古事記』である。その『古事記』に、既に〝一即多・多即一〟の真理が象徴的に書かれているのが大変すばらしい所である――

このように述べ又講話されているのだが、言うまでもなく、この御講話は昭和四十二年以前からのものの要約であるから、地球の全人口には現代の数とは違いがあり、〝西洋人〟という表現も、現代では東洋や日本、そして南米中米、中近東など、全世界に拡大している〝物質科学的〟な考え方であり、〝個人主義的〟な考え方なのである。だから吾われはこの御言葉通りが現代も「真理」そのものであるという「原理主義」を取るものではない。

しかし『「一即多」であり、「多即一」である』という〝根本原理〟は、まさに現代にも生き続けており、未来永劫に真実であり、日本人の心底に在《あ》る所の〝眠れる悟り〟であると断言することが出来る。即ち『生長の家の教え』そのものなのだ。それ故われわれは、この〝眠れる悟り〟を、まさに二十一世紀の早期において目覚めさすべく、人類光明化運動・国際平和信仰運動を活発化させ、拡大して行かなければならないと信ずる者なのである。

最後に古事記の漢文の中には、各種あるが、その一つを揚げておこう。

『天地初發之時、於高天原成神名、天之御中主神。訓高下天云阿麻。下效レ此。次高御産巣日神。次神産巣日神。此三柱神者、並獨神成坐而隱レ身也。次國稚如浮脂而久羅下那州多陀用弊流之時、流字以上十字以レ音。如葦牙因萌騰之物而成神名、宇麻志阿斯訶備比古遲神。此神名以レ音。次天之常立神。訓レ常云登許。訓レ立云多知。此二柱神亦並獨神成坐而、隱レ身也　上件五柱神者別天神。』

＊『限りなく日本を愛す』＝日本の実相、中心帰一の原理、日本の使命を力説した書。日本教文社刊。

第四章

自然法爾の生活

〝当り前〟がありがたい

「幸福」になるには

人は皆「幸福」を求めている。

「いや私は不幸が好きなんだ。涙、涙……などという文句の入った流行歌がはやっているだろう。あれは日本人が皆、不幸を求めている証拠ではないか」

などと言う人がいたら、流行歌の方が間違っているとしか言い様がない。そうかと言って、昔の軍歌のようなものが良いという訳でもない。

「勝って来るぞと勇ましく、
誓って国を出たからは、
手柄たてずに死なりょうか。

進軍ラッパ聞くたびに、
瞼に浮かぶ母の顔（正式には「旗の波」）……」

となって、やはり〝母恋しい〟の心が歌われている。だから、〝手柄を立てて死ぬ〟よりも、母が恋しい心が本音なのかも知れない。と言っても、あの当時の国民皆兵制度では、二十歳以上の男子が、〝赤紙《あかがみ》〟と言われた召集令状をもらって、母の家の押入れに隠れていると、大変なことになる時代だったのだ。

つまりあの時代には、現在のような〝自由〟はなく、誰一人〝戦争反対〟と叫んだりすることも出来なかった。〝言論の自由〟もなかったと言えるであろう。

しかし人びとは皆「幸福」を求めていることに間違いはない。そこで谷口雅春大聖師は昭和二十六年五月号の『生長の家』誌*に、二十五日の法語として「心の幸福が本当の幸福」という小見出しで、こう書かれたのである。

『この事さえ成就すれば私は屹度《きつと》幸福になれると思っている人が、それが成就した後で幸福になれない実例は沢山《たくさん》ある。胃病の人は胃が治れば幸福になれると思うが、胃が治ったあとは又別なことを悩み出すのである。あの女と結婚すれば幸福になれると思っていた人が結婚した後《のち》に毎日夫婦喧嘩《げんか》をして決して幸福でない実例もある。これだけ富が出来たら屹度幸福だと思っていた人が、それだけ富が出来たときに、社会的な色々複雑な問題が紛糾して幸福になれない人もある。考えて見れば、幸福とは個々の事物にあるのではなく、其人《その》の心の状態にあるのである。心の幸福な人は常に幸福な人である。』

交通事故

それでは、「心の幸福な人」になるにはどうしたらよいかが大問題になる。それは病気が治ることでもなく、特定の女性又は男性と結婚することでもない。中には同性と結婚したいとか思い、どこかの外国へ行って〝結婚できた〟と喜んでも、幸福になれない人は幾らでもいるに違いない。富や社会的地位を得ても、やがてそれらを失って、刑事告発をされ、投獄されてしまう人もいる世の中である。

それでは、どのような方法で、〝心の幸福〟をつかむことが出来るかを、生長の家の「団体参拝練成会」の体験談から考えてみたい。昭和十五年十月生まれの白石初美《はつみ》さんは、住所とご主人の名前を発表されたくないとおっしゃるので省略するが、彼女は平成十四年に、突然夫から〝借金がある〟ことを知らされた。それ以来、夫婦は不調和になった。平和な家庭は一変して地獄のようになったのである。

そこでご夫婦が弁護士さんを通して返済の方法などを相談しているうちに、長男の有《たもつ》さんが交通事故にあい、意識不明になって、救急車で病院に運ばれた。ご夫婦の心の不調和が、家族の病気や事故に表現されるということは、「心が環境に現れてくる」という「心の法則」によって、しばしば体験されるところである。

大急ぎで病院に駆けつけたが、長男さんはバイクの事故で意識がなく、苦しそうな息をしているだけだ。検査の結果は、蜘蛛膜下出血《くもまくかしゅっけつ》で、右眼の眼底骨折、鼻骨も骨折し、多量の鼻血が流れ、頬骨《ほおぼね》も欠損し、口の中も切れて唇はパンパンに腫《は》れ上がって、見るも無惨な状態だった。さらに右腕は複雑骨折し、中指も折れ、右脚は全体が打撲し、丸太ん棒のように腫れ上がっていた。

何よりも脾臓《ひぞう》が破裂しているのが問題で、出血が止まらず、極めて危険な状態だった。初美さんはただもう「生きていて欲しい!」と、心の中で祈るばかりだった。長男の苦しそうな顔を見ていると、フッとその顔が夫の借金で苦しんでいる顔に変わった。彼女はその時はもう「生長の家」の教えに触れていたので、

「これは観世音菩薩様が、長男の苦しむ姿を通して、夫の苦しむ姿を見せて下さったのだ」

と思った。そこで長男に心の中で、「ごめんなさい、こんな苦しい思いをさせて」と謝《あやま》った。夫にも、「今まで頑固《がんこ》で、あなたの気持ちをちっとも理解しようとしないでいて、申し訳ありませんでした」と、隣にいるご主人に心の中でお詫《わ》びした。

さらに又白鳩会の副会長さんの個人指導をうけ、「必ず良くなります」と励まされた。そしてすぐ「ゆには道場*」と「総本山」とに〝神癒《しんゆ》祈願〟を申し込んだ。こうして神様に全托《ぜんたく》した気持ちになり、それ以後は夫と共に毎日長男の見舞いに行く日が続いたのである。

こうして毎日夫と行動を共にすることによって、今まで気付かなかった夫のやさしさや、忍耐強さなど、すばらしい点を沢山知ることが出来た。以来初美さんはずっと夫に感謝する日を送り、夫が彼女にとって〝大切な人〟だと心から分かるばかりだとおっしゃっていた。

奇跡的

このようにご夫婦の心が感謝と愛とに満たされてくると、長男さんの容態も急速に回復して来た。そして僅《わず》か一ヵ月半で退院することが出来たのである。病院のドクターは、あんまり治りが速いので、又脾臓が破裂するといけないから、大事をとって安静にし、何かがあったらすぐ飛んで来て下さい――と注意して下さったほどだった。

しかしその後はどうもなくさらに良くなり、長男さんは再就職して、事件後七ヵ月を過ぎた現在は、何の後遺症もなく、全く元通りの健康体となり、元気に働いているそうである。ご主人もまた健康に恵まれ、ご機嫌《きげん》よろしく暮らしておられるという話であった。

その後当時の事故の様子を聞いた所、長男さんがバイクに乗っていて、交叉点で後ろから何か押されたように感じて前方に飛び出し、対向車線で乗用車の下敷きになり、タイヤが腹の上に乗り上げて脾臓が破裂したのだという話だったが、長男さんはあまり詳しくは記憶していないそうだ。

借金のことを聞くと、弁護士を通して毎月夫の収入から生活費と支払いとをすることが出来るようになり、夫が初美さんの仕事はもうやめた方がよいといわれるので、一年間働いただけでやめた――という話であった。つまり〝当り前の仲のよい〟健康な夫婦となり、三十七歳になる息子さんも、ごく当り前の働く青年となったのである。

このように心が幸福になるのは、特別にお金が儲《もう》かるとか、地位が高くなるとか、どこかの有名人となるなどということではなく、ただ心が感謝に満たされ、〝家族がその美点を見て賛嘆する生活〟を送れば、幸福になるものだ。

しかしもっと深く考えてみると、病気や怪我《けが》が奇蹟的に回復するのも有難いが、そうならないで、ただ「当り前」そのままでいるのが一番有難い。その「当り前」こそが本来の姿であるから、『自然流通《じねんるつう》の神示』*には最終の段落に次のように記されている。

『(前略)皆の者よ、人間の生命の實相《じつさう》を悟つて病が治るのは、病念と云《い》ふ異常現象が止《や》んで、人間が本來の自然に歸《かへ》るからである。異常現象はすべて病氣の一種である。貧しさも異常現象であるから、人間の心が自然に還《かへ》ればなほるのである。異常現象のなかに神があると思ふな。そこには好奇を喜ぶ不自然な心があるばかりである。怒り、憎しみ、恐れ、嫉《ねた》み、他を蹂躙《ふみにじ》つて打ち勝ちたい心――すべて是等《これら》は異常な心であるから病氣の因《もと》である。異常な心を去れば病氣も貧しさも治る。當《あた》り前の人間になることが大切である。當り前の人間のほかに神の子はない。』

当り前でない人たち

しかしながら現実の世界には、一見〝当り前の人間〟でないような人びとも沢山いる。例えば平成十六年六月二十日の『毎日新聞』には、「両足も家族も失った」というアフガニスタン社会主義政権の兵士、モハマディナ・シャクパルさん（34）の話が書かれていた。彼は一九八五年に、地雷で両足のひざから先を失ったのである。

それ以来職を失い車いすで暮らし、妻と三人の子供に助けられていたが、さらに二〇〇二年には、自宅にロケット弾が撃ち込まれた。そのため家族四人を失ったが、彼だけは庭にいて助かった。このような負傷者は、両足の揃った〝当り前の人間〟であることを、心の底から望んでいただろう。しかし彼は平成十六年九月に行われるアテネ・パラリンピックの陸上競技に、車いすで出場するというニュースだった。

又これとは反対に、「天才」と称賛される有名人もいる。例えば、「万能の天才」と称されたレオナルド・ダ・ヴィンチは、一四五二年四月十五日に、当時のフィレンツェ共和国のヴィンチ村に生まれた。母親のカテリーナは出産後間もなく家を追われ、父セル・ピエロは美人のアルビエーラ（16歳）と再婚した。そのためレオナルドは母とはあまり深く交わることなく、終生女性関係もなく過ごしたと言うことである。

これも〝当り前〟とは言えない人で、本来ならば継母《つぎはは》さんとも仲好く愛深く暮らすとよかっただろうと思われる。このようなところから、彼には女性嫌いの他に、重大な欠陥が現れて、ある意味では「不幸な天才」だったとも言えるだろう。

しかし全ての人間には「無限力」が隠されているから、レオナルドにも数多くの才能が現れ、一四七二―五年に描かれた油絵「受胎告知」は傑作だと言われる。一四八三―五年の作品「岩窟の聖母」や最晩年の「洗礼者聖ヨハネ」はモナ・リザのような美しい笑顔で、右手がおだやかに天を指さしている。しかしその指が顔のあたりにあるので、何とも言えない雰囲気だ。

しかも彼は油絵ばかりではなく、大聖堂の円屋根の設計図も書き、〝都市計画〟にも関与した。さらに人体や馬の〝解剖学的研究〟を行い、舞台衣裳や舞台装置を作り、河川工事の〝設計監督〟を務め、さらに「最後の晩餐」という有名な絵画を完成した。土木技師としても従軍し、「モナ・リザ」を制作し、運河工事を行い、解剖学を習得し、飛行機を考案し……と、限りない才能を発揮したのである。

けれどもレオナルドには重大な欠陥があった。彼は左利きで、いつも手作りのノートを持ち歩き、文字は〝鏡字《かがみじ》〟といわれる文字しか書けなかったのだ（〝鏡字〟とは鏡の中に映る文字のような左右が逆になった文字）。さらにとても無口であり、外国語の習得がひどく下手で、暗算ができず、しかも生涯にわたって各国を移住し続けたのである。

即《すなわ》ちフィレンツェからミラノ、マントヴァ、ヴェネツィア、フィレンツェ、ミラノ、ローマ、そして最後はフランスのアンボワーズで一五一九年に死去した。

このように「天才」と言われる人も、「当り前の人間」でなかった点では、不幸であったと言えるだろう。しかし彼は彼なりに、手製のメモ帳には鏡字を書きまくって、〝記憶力の不足を補った〟のである。つまり自分の欠点のためにいささかも萎縮することなく、どんどん伸びのびと才能を伸ばした〝天才〟と言うことが出来るだろう。これは自分の欠点に捕われることなく、勇敢にその〝長所〟を認めて、それを伸ばして行った偉人だと言えるのだ。

山を拝む

さてもう一人の実例を紹介するとしよう。平成十六年六月十八日に総本山の団体参拝練成会で体験発表をされたTさんという女性（昭和十七年三月生まれ）だ。この人も住所とお名前を発表したくないそうだから、Tさんとだけで、住所は津和野の近くというだけに止《とど》める。そこは山の奥で、冬は寒くて雪が五、六十センチ積り、春は庭先まで猪が来て、筍《たけのこ》を食べるという。秋には森の熊さんがやって来て、柿を取って食べるのだそうだ。

だから住民は林業で生活をしていて、Tさんの家もご主人が五、六人の人を雇って林業をしておられた。Tさんもご主人を手伝い、山で木を集め集材機という機械を使って仕事をしていた。そんなある夏の日のこと、夕食を食べた後で、ご主人の脚がふらついている。お酒に酔ったのかと思ったが、すぐ寝ることにした。

そのうち次第に容態が悪化し、一時間もしないうちに脳の血管が切れて、死亡されたのである。お医者さんや救急車を手配したが、間に合わなかった。ご主人がまだ四十五歳の時だった。Tさんも、夫について一緒にあの世に行きたい――と思った。そして、

「私を独りにしないで！」

と心の底から叫んだが、三人の子供がいるので、死ぬ訳にも行かない。そのうちの一人はまだ看護学校に行っている。家も建てたばかりだし、林業の機械も沢山購入して、多くの借金が残っていた。そこでTさんは、一週間もしないうちに働きに出る決心をしたのである。

Tさんが「生長の家」を知ったのは昭和五十年ごろだ。しかしまだそのころは教えを深くは知っていなかったので、大いに反省した。そしてこれからは何か一つでもお役に

立つことがあったら、させて頂こうと思うようになった。そこで近くに住んでおられる「生長の家」の先輩に、「聖使命会員にならせて頂きます」と言って入会し、「生長の家」を少しでも学ぼうと努めた。

さらにその後森林組合にも加入し、準職員として仕事をした。といっても事務員ではなく山の奥に入り、間伐や植林や下刈りをするのである。

混合油やオイルや弁当やカッパ、工具、チェンソーなど、かなりの重量を持って四十分ぐらい道なき山道を、毎日歩いて登った。

一人一人が別れて仕事をするので、朝山に入ると、夕方まで誰にも他人に会うことがない。独りぽっちだから、時には穴に落ちかかったり、木が肩や背中に倒れて来たりしたが、大した大怪我《けが》もなく、仕事を続けることが出来た。これも皆夫があの世から見守っていて下さるからだと思い、山に入る時は、

「山さま、有難うございます」

と山を拝み、山から出る時も、

「山さま、ありがとうございます」

と拝んだというから、すばらしい人だ。山も川も草も木も、全てが仏のいのちであ

り、神のいのちの現れだと知ったからである。朝家を出る時は、夫の写真を拝んで家を出た。

お昼はいつも山の中で独りで弁当を食べる。ラジオを聞くだけが唯一の楽しみだった。これもすばらしい楽しみ方と言う他はない。大雨のときも、台風の時も休みはない。冬は雪が膝まで積るので、枝打ち作業は二メートルの梯子をかつぎ、深い所では腰まである雪の中を泳ぐようにして作業をした。一枝一枝を打ちながら、

「いい木になってね。お役に立ってね」

と語りかけながら仕事をする。夏は木蔭《こかげ》がないから、意識がモウロウとして倒れそうになるが、氷水などを飲んで元気を付け、下刈りをした。

樹にありがとう

一年ごとに大きくなる杉や檜に「有難うございます」と愛と感謝の言葉をのべて、Tさんは伐《き》って行った。草刈りをする時にも大雀蜂がいて、刺されることも度たびあった。高所作業をしていると、雷が鳴る。近くで鳴る時は、大木の近くを避けて、小さな樹の近くへ行き、おへそを取られないように、

「桑原《くわばら》、桑原……」

と言いながら草の中に小さくなって過ごした。これも大人と子供との、そのままの再現であり、「そのままの心」の実行と言えるであろう。

こうして一ヵ月では二十三日ぐらい山で働いた。その他の日曜日や祭日には、家の近くの五反の田んぼで野菜作りをしたり、地域の皆さんとの共同作業をした。

けれども「生長の家」からは決して離れることはなく、その後白鳩会の支部長さんが広島の方へ引っ越されてからは、Tさん自身が支部長となり、又地方講師ともなって、光明化運動のお世話をするようになった。神誌*を配ったり、聖使命会費の取扱いや誌友会、講習会のお世話なども、悦んで実行なさったのである。

こうして働いても働いても、手許《てもと》には僅かのお金しか残らない。しかし心が「愛」に充《み》たされているから、少しも不安がなく、淋《さび》しくもない。「貧乏も結構楽しんで来た」とおっしゃるのだ。成長した子供さんたちも助けてくれるし、地域の人々のご愛念も沢山受けることが出来た。どこかへ旅行に行くという時も、子供さん達が小遣いをくれた。だから何一つの不自由もなかった。

ところが平成十五年の十二月のことだ。ある日血圧がどんどん上がり、二百三十まで上がった。身体の機能が低下して、足腰が弱くなり、三ヵ月ぐらいはおかゆを食べながら家で寝ていた。その時彼女はご主人のことを思い出したのである。夫は生前、「生長の家」のことを知らなかった。彼女もあまり熱心でなかった時だ。だから夫に対して、「ハイ」の一言も、「ありがとう」の一言も、言っていなかったのである。

『「ハイ」と素直に言って上げればよかった。「ありがとう」の感謝の言葉を言って上げればよかった。我《わ》が儘《まま》で、勝手気儘で、カカア天下だった――』

と反省した。

「お父さん、ほんとにご免なさい！」

と心の底から夫に謝ったのである。やっと借金も片づき、十七年の歳月がたっていた。病気をして初めて、自分の身体が、手も足も自由に動く、〝当り前の姿〟、食事も当り前に出来ることや、自分の身体がどんなに貴い宝物であったかに気付いたのである。

「当り前の生活が出来ることを、心から感謝して、今は健康でいます。これからも生長の家の御教えを学び、そして伝えさせて頂きます。皆さま、ありがとうございました」

と言って体験談を終られた。このTさんのおっしゃるように、「当り前の生活」くらいありがたいものはないのである。「当り前の人間」「そのままの心」がとても大切だ。それ故先に引用した『自然流通の神示』の冒頭には、こう記されている――

自然流通

『生長の家』は奇蹟を見せるところではない。『生長の家』は奇蹟を無くするところである。人間が健康になるのが何が奇蹟であるか。人間は本來健康なのであるから、健康になるのは自然であつて奇蹟ではない。『生長の家』はすべての者に眞理を悟らしめ、異常現象を無くし、當《あた》り前の人間に人類を歸《かへ》らしめ、當り前のまゝで其《そ》の儘《まま》で喜べる人間にならしめる處《ところ》である。あらゆる人間の不幸は、當り前で喜べない爲に起るものであることを知れ。當り前で喜べるやうになつたとき、その人の一切の不幸は拭《ぬぐ》ひとられる。病氣もなければ、貧乏もない、また搾取《さくしゆ》された富もなければ、搾取した富もない。蹂躙《ふみにじ》られた弱者もなければ蹂躙《ふみにじ》つた强者もない。唯《ただ》、一切が渾然《こんぜん》として一切の者が富んでゐる。此《こ》れが實相である。（中略）

こう述べて更に、一つの大河の流れより水を汲みとれば、隣の水来《きた》りてその虚を埋める如く、流通無限、貧に執せざるが故《ゆゑ》に貧とならず、富に執せざるが故に他を搾取せず、流通せざる固定の富なきが故に、みづから豊富なる供給の流れを受くれどもそれを占據《せんきよ》せず、執著《しふぢやく》せず、來《きた》るに從つて拒《こば》まず、受けて更に價値を增して他を霑《うるほ》す。自給自足などとは自他に捉《とらは》れた狹い考へである。自他は一つである。『生長の家』は自給他足、他給自足、循環してとゞまらず、大實在の無限流通の有樣を見て、その有樣の如く現實世界を生きるのが現實界の『生長の家』である。（後略）

と説かれているのである。この自然流通そのままの教えが、すでに昭和八年一月二十五日に神示された所が、実にありがたく、すばらしい点だと言う他はない。

＊『生長の家』誌＝現在の普及誌以前に発行されていた、生長の家の月刊誌の一つ。昭和五年三月号創刊以来、平成元年三月号まで発行。
＊「ゆには道場」＝福岡県太宰府市都府楼南五―一―一にある生長の家ゆには練成道場。

＊『自然流通の神示』＝谷口雅春大聖師が昭和八年に霊感を得て書かれた言葉。

＊神誌＝昭和五年に『生長の家』誌が創刊されて以来、読むだけで病気が癒えるなどの体験が数多く生まれたことから、読者の間で尊称としてこの言葉が使われた。その後、生長の家の月刊誌を総称して使われるようになった。

川の流れのように

正当防衛について

人は皆、「自由」でありたいし、「平等」を求めている。この人類共通の願いについては、かつて何回も書いたり話したりしたが、まだこの現実世界には沢山の〝不自由〟と〝不平等〟が見出《みいだ》せるのである。例えば国によると、「信仰の自由」すらなくて、ある種の宗教だけが〝国教〟になっている国もある。階級差別もあるし、学校にも小学校、中学校、高等学校、大学、専門学校など色いろあるのが、「普通の国」だ。その中でも日本は、割合自由がある国だが、それでもまた「普通の国になりたい」などと言う人もいる。

ここで言う「普通の国」とは、「自分の国を護るための軍隊を持ちたい」というような意味で、今は〝軍隊〟ではなくて、〝自衛隊〟と呼ばれる自己防衛だけが憲法第九条でゆるされている国という訳だ。つまり他の国が侵略されたり、テロ組織の脅威に苦しんでいる時、〝自衛でない〟というわけで、助けに行けない〝不自由さ〟があると思うからだろう。

しかし個人では、友人が殺されかかったり、危険な状態の時には、いくらでも助けることの出来る「正当防衛」の権利がある。即ち、「刑法」の第三六条にはこう書いてある。

『急迫不正の侵害に対して、自己又は他人の権利を防衛するため、やむを得ずにした行為は、罰しない。

2　防衛の程度を超えた行為は、情状により、その刑を減軽し、又は免除することができる。』

さらに又「民法」の第七二〇条には、

『他人ノ不法行為ニ対シ自己又ハ第三者ノ権利ヲ防衛スル為メ已ムコトヲ得スシテ加害行為ヲ為シタル者ハ損害賠償ノ責ニ任セス但被害者ヨリ不法行為ヲ為シタル者ニ対スル損害賠償ノ請求ヲ妨ケス

②前項ノ規定ハ他人ノ物ヨリ生シタル急迫ノ危難ヲ避クル為メ其物ヲ毀損シタル場合ニ之ヲ準用ス』

と書かれている。従って少なくとも「同盟国」間では国家としても、許されるべきが当然だというのである。これが〝集団的自衛権〟と言われていて、それが可能なのが「普通の国」だというのである。

自由な生き方

しかしながら何回も言うように、「神の国」なる「実相」には、戦争も犯罪もなく、火事や地震や、病気や不幸災害などは何一つ無いのだ。ところが現象界は「影」の世界であり「仮相《かそう》」であるから、「実相」が〝不完全〟にしか現れていない。そこで病気や戦争や火事などが起ることがある。そのような時、どうしたらよいのかというと、火事の時は消防署、病気の時は病院といった所を活用したらよいのであって、軽微な時は自分で火を消したり治したりも出来るものだ。その判断を「自分で自由にする」のが〝当り前の生き方〟である。その「当り前」がゆるされるところに「自由」への接近があり、進歩前進があるということである。

そこで人びとが仕事をしたり、会社を設立したりした場合も、この「自由」をどのように発揮したらよいのかを考えてみよう。例えば上級学校へ入学の場合は、どんな大学を選んでも良いはずだし、何回落第しても〝クヨクヨするな〟ですますこともできるが、それが他の人たちの介入から〝不自由〟を感ずることもよくある。しかし「今年一回限りで、あとはダメ」ということは、本来ないのである。

　ところが会社の場合、次のような実例もある。平成十五年十二月七日の『毎日新聞』「余録」欄にこう書いてあった。

『愛知県豊橋市に本社を置く樹研工業は従業員約90人で年間約30億円を稼ぐ中小企業である。黄色に塗られた工場は変哲もない町工場に見えるが、作っているものはとてつもなくすごい▲昨年、直径0・149ミリ、重さ100万分の1グラムという世界で最も小さいプラスチック製歯車を作った。その3年前に発表した10万分の1グラムの歯車は、肉眼で点に見えるが、今度のはチリのようにしか見えない。拡大写真を見ると、確かに五つの歯がある▲パウダー・パーツと名付けられたこれらの歯車の開発には数億円かかった。しかし、あまりの小ささに、いまだに使い道が見つからない。創業社長の松浦元男さん(68)は「10年か20年後には誰かが使ってくれるでしょう。ま、会社の広告塔ですな」と笑う（続く）』

この〝パウダー・パーツ〟のような先進的新技術を、後の世の〝広告塔〟として建てて置こうという松浦社長の「リラックスした時間」の感覚は、とても大切だ。それは「今年落第しても、来年も、再来年も……あるよ」という考え方と共通しているからである。さらに又「余録」は続いて言う。

『▲松浦さんの経営はユニークだ。人を雇う時は先着順採用だし、出勤簿はない。出張精算はクレジットカードの利用代金明細書で事足りる。定年制はなく、70歳を過ぎても元気で働いている。役員賞与は取らず、内部留保を厚くする。中国や韓国などのグループ会社間の取引は口約束だけで、契約書はない。すべてが善意と信頼に基づいている▲名古屋生まれの松浦さんは疎開後、豊橋に住み着き、高校時代を送る。アルバイト先の経営者の援助で地元大学に入った。この時に受けた恩がいまの経営思想を支える。「よそ者の自分をここまで育ててくれた豊橋の若者を、今度は私が一人前に育ててお返しする番だ。経営はそれを実現するための手段」と明快だ▲企業社会が忘れかけている「地元への恩返し」をこれほどてらいもなく語る経営者は珍しい。地方で世界一のものづくりに情熱を注ぐ姿と重ねると、二重にうれしくなる。地方の未来は暗い話ばかりでない。』

恩返しの心

これは実に愉快な会社であり、すばらしい「自由」を享受《きょうじゅ》しておられる人のようだ。「恩返し」という所が立派だ。ただ倒産しないようにしてもらいたいし、昔の〝口約束〟だけに頼るばかりではなく、世界で最小のプラスチック製歯車を作ったという進歩開発の精神がとても立派だ。しかも「心の法則」によって、「恩返し」の心は、さらに大いなる祝福となって、いつか必ず不思議な形で「与え返される」のである。

人はとかく常識的な「型」にはまってしまい勝ちだ。しかし「型にはまらず」大成した人は他にもいる。平成十五年十二月四日の『讀賣新聞』には、大相撲の「大鵬《たいほう》」のことについて、次のような解説記事が載っていた。大鵬翔己《しょうき》さん（本名・納谷幸喜）は昭和十五年五月二十九日に樺太《からふと》（サハリン）で生まれ、後に北海道に住んだ有名力士である。昭和三十五年に入幕して、翌年にはもう四十八代の横綱となった人だ。しかも優勝すること三十二回、当時戦後最高の四十五回も連勝し、「巨人・大鵬・卵焼き」とまで言われたものである。同紙の〝解説記事〟には次にこう書いてある。

『《双葉山は右四つの完ぺきな型を持っていた。一方、大鵬には、絶対得意の型というの

はなく、相手に応じて自在に取り口を変えていた。その相撲は時に、相撲評論家などから「型がない」と批判を受けた》

型がないのが、私の型なんです。横綱は、相手によってどんな相撲でも取れなければならない。どんな不利な体勢になっても、対応できないといけないんです。

師匠からはよく、「逆らうんじゃない。川の水が山の上から流れてくるように、自然に相撲を取るんだ」と言われました。自然体ということです。

自然体の相撲というのは、ちょっとでも心に迷いが生じたら、狂ってしまいます。その難しい相撲こそ理想だというのが、師匠の、そして私の信念でした。（中略）』

「型がない」「自然体」というのは、とても強いのだ。水が自然に低い所へ流れて行くように、「行雲流水」とも言われる。『生長の家』の『自然流通《じねんるつう》の神示』にも、「実相」についてこう記されている。

《（前略）大いなる生命の流れが一切者《いっさいしゃ》に貫流し、とゞまらず、堰《せ》くところなく、豊かに流れて、ものの供給もおのづから無限である。一切のもの必要に應じて流れ入ること、一つの大河の流れより水を汲みとれば、隣の水來《きた》りて其の虚《きょ》を埋《うづ》めるのと同じさまである。流通無限、貧に執せざるが故に貧とならず、富に執せざるが故に他を搾取せず、流通せざる固定の富なきが故に、みづから豊富なる供給の流れを受くれどもそれを占據《せんきよ》せず、執著《しふぢやく》せず、來《きた》るに從つて拒《こば》まず、受けて更に價値を增して他を霑《うるは》す。自給自足などとは自他に捉《とらは》れた狹い考へである。自他は一つである。『生長の家』は自給他足、他給自足、循環してとゞまらず、大實在の無限流通の有樣を見て、その有樣の如く現實世界を生きるのが現實界の『生長の家』である。貧に執する聖者も、富に執する富者《ふうじや》も、『生長の家』人ではない。當《あた》り前の人間を自覺し、當り前に生きるのが『生長の家』の人である。『當り前の人間』が神の子である。皆此《こ》の眞理を悟つた人が少い。『當り前の人間』のほかに『神の子』があるやうに思つて異常なものを憧れるのは、太陽に背《せな》を向けて光を求めて走るに等しい。(後略)》

そのままの心

この「当り前の人間が神の子である」というお言葉は、大変ありがたく、とても貴重な〝金言《きんげん》〟である。「当り前」とは、「そのままの心」のことであり、この心は円満であり〝無礙《むげ》〟であると「信徒行持要目」*にも示されている。すると水の流れの如く、自然《じねん》法爾《ほうに》に全てが与えられるのである。

けれども現象界の人間は、「そのままの心」「実相」を自覚し、表現するための訓練生であり、練習生であるから、この奥義に達するには、何回も無数に無限に「生れ変る」のだ。従って、「もうオレは、真理を悟った」などと、当り前でないことを言ってはいけないのである。

大鵬氏もやがて年と共に故障がちになり、休場をするようになった。左腕を痛めたり、左ヒジを骨折したりした。高血圧と気管支炎で途中休場もした。こうして全体が続くのだ。しかしそれでもくじけることなく訓練を続けたという。即ち――

『(前略) 長期休場中に入院したのは東京・池之端の病院でしたが、深夜、気づかれないように抜け出して、不忍池の周りを走りました。退院後は千葉の白子海岸に行って、砂浜をランニングしました。女房が「私も走ってあげる」と言って、一緒に走ったこともあります。栃木の川治温泉に出かけて山登りもし、体力の回復に努めました。

「再起不能」ともささやかれました。四場所ぶりに出場した六八年秋場所は、「だめなら引退だ」という覚悟で臨みました。

初日、平幕栃東（最高位関脇）に一直線に寄り切られました。しかし、この一敗でかえって硬さがなくなりました。二日目から連勝し、十四勝一敗で優勝しました。

ひときわの感慨がありました。（敬称略）』

このようにして、どこまでも〝努力する〟ということも、「人生学校」で学ぶべき大切な課題だから、若くて体力のある青年諸君が、いい加減の所で「もうダメだ」などと弱音を吐いてはいけない。この「人生学校」では全ての人が、老いも若きも、大人も子供も、男性と女性を問わず、私達に「何か大切なこと」を教えてくれている。だからこれらの事象全てをひっくるめて「観世音菩薩」とも呼ぶのである。

人間ばかりではなく、全ての物も生物、動物は勿論《もちろん》のこと、気候や台風や、エネルギーの使い方次第では「地球温暖化現象が起る」ことも、人々への大切な教訓なのである。平成十五年十六年はヨーロッパでは水害や高温の夏に悩まされ、気候が乱高下した。日本やアメリカ大陸でも少なからず同じような状態が起りつつある。

そんな中で、一部の人々の興味や金もうけのために、ライト・アップやイルミネーションで、電力の無駄遣いをしていると、平成十七年、十八年……と、果してどうなることであろうか……

型にはまらず

さらには又、会社全体でも、次のような実例がある。「型にはまらない例」とも言えるだろう。平成十五年十二月五日の『讀賣新聞』の記事だ。

『ホンダは四日、小型ジェット機「ホンダジェット」を開発したことを明らかにした。ライト兄弟の初飛行から百周年に当たる今月十七日、アメリカで初の試験飛行を行う。日本の自動車メーカーがジェット機を完成品として開発するのは初めてで、世界でも、国などの技術や補助金を受けずに、自力開発した企業はないという。

日本メーカーによる航空機開発は、一九五九年の「YS—11」（六五年に就航）以来、四十四年ぶりとなる。ホンダは創業者の故本田宗一郎氏が六二年に航空機事業への参入を宣言したが、四十二年目に悲願を達成した形だ。

「ホンダジェット」は全長12・50《メートル》、全幅12・20《メートル》、高さ4・02《メートル》で、パイロットを含めた定員六—八人乗りのビジネス用の小型機で、ホンダが独自開発したジェットエンジン二基を主翼の上に搭載している。

高度九千百五十《メートル》を最高時速七百七十五《キロ》で飛び、燃料満タンで約二千《キロ》の飛行が可能という。米連邦航空局から、試験飛行用の認定を取得している。

世界の自動車業界では、英ロールスロイスのように自動車から航空エンジンメーカーに移行した企業もあるが、航空エンジンメーカーは機体の開発・製造はしておらず、軍事用を除けば、一社でジェット機を開発するのは極めて珍しい。（後略）』

現在多くの自動車製造会社は、普通自動車ばかりを製造し販売している。その中にはオートバイやスクーターなども含まれるが、飛行機までは作っていない。最近はガソリン車やディーゼル車ばかりでは環境破壊が進むので、電気自動車やモーターとエンジン両方を組み合せたトヨタのプリウスのハイブリッド車など、さらに水素ガスを燃料とする最新型の車（燃料電池車）が製造され始め、その新開発と販売のために大いに多忙だからであろう。

しかしかつて大東亜戦争（太平洋戦争）中には、自動車製造工場から航空機が製造された時代もあったのだ。それは戦争で航空機の消耗が激しくなり、その増産が急務となったからである。このような場合でも、同じ工場からどちらでも製造される可能性が出てくるから、現代の進歩した自動車工場から、小さなジェット飛行機を作り出すぐらいは、極めて容易だろう。

けれどもこれは、「自動車が進化して飛行機になった」のではないのである。外から見ると、そのように見えるかも知れないが、進化は全て「設計の変更」から生ずる。人間の「肉体」という〝機械〟（道具）でも、人間という設計から誕生するから、たとえ〝類人猿〟の胎内から生まれたように見えても、吾々人間の先祖が、類人猿であったとか、それに似た猿属の変種であったというような学説は誤りである。

そうでなければ、〝先祖のお祀り〟と言っても、ずっと昔はチンパンジーなどの猿属であったり、両生類、さらには魚や昆虫や、その他遂《つい》にはバクテリアやウィルスであったとしたら、もしそれらを「拝め」ということになると、「神の子・人間」なる〝人間の本体〟はどうなったのか？　ということになり、人間が「神性・仏性それ自体」だという宗教的な意味が無くなり、外観的物質科学万能主義に陥ってしまうであろう。

吾々は決して自動車会社の飛行機製造に反対するものではない。しかし全てが設計（アイディア即ち心）が異なるところから発生する「一・即多」的現象なのだということを忘れてはならないのである。そこから流れ出る「型にはまらない」「そのままの生活」こそは、まことに悦びにあふれる人生模様だと賛嘆せざるを得ない急所であると思う。

＊「信徒行持要目」＝生長の家信徒が日々に生活において実践すべき重要な項目。八項目にまとめられている。『新版 菩薩は何を為すべきか』『新編 聖光録』（いずれも日本教文社刊）等に収録。

そのままの心で

自然の良さ

私が毎日のように原宿を歩いていると、途中で子供が母親に連れられて来るのに出会うことがある。中には父親に連れられて来る子もいるが、きわめて数は少ない。自転車の前と後ろとの籠に乗せられて来る子もいる。時には歩いて来る子もいるが、中にはお母さんと同じデザインの服を着たり、同じ色の髪に染めたり、ときには爪にマニキュアをさせられたりした子供もいるのである。

母と子が同じスタイルや洋服の配色というのはオシャレだが、平成十五年十月四日の『毎日新聞』には東京都品川区の西元駿吉さん（44）の、こんな投書が載っていた。

『近ごろマニキュアを塗った子供が多いのに驚かされる。高校生や中学生はもちろん、小学生や幼稚園児、はたまたベビーカーに乗った幼児までもが塗っている。赤色の他に黄緑や紫などの多彩な色遣いで母親は楽しんでいるのだろうが、なぜ幼い子供にまで塗るのだろうか。

酸やエチル、トルエンなどが含まれているマニキュアはつめを傷付けるし、除光液にはアセトンが含まれている。

父親はなぜやめさせないのか。注意する権威も失ってしまったのか。学校では生活指導は続いているのだろうか。まさか「時代だから……」とあきらめてしまっているわけでもあるまいに。

日ごろの素行風紀が社会へと反映する。こんな黙認社会を嘆くのは私だけだろうか。』

私はまだマニキュアなどしたことがないから、その薬にこんな物質が含まれているとは知らなかった。たしかに幼い子供の爪は柔らかいし、爪は皮膚の変化したものだから、良くないだろう。オシャレも良いが、子供まで同列にしていると、幼児での習慣は心に刷り込まれて、その子の生涯を支配する。西元さんは「父親はなぜやめさせないのか」とおっしゃるが、何もかも父親〝黙認〟では困るのである。やはり「自然」とか「そのまま」が一番安上がりで、しかも美しい。平成十五年九月十四日の『讀賣新聞』には名古屋市の宇都正巳さん（62）の次のような一文があった。

『父が五十歳を過ぎるころには、立派な白髪となっていた。遺伝的に私も、やがてそうなるものと思ってきた。母親からも「年寄りになったらお前も白髪になる」と言われてきた。父は晩年になっても頭髪を大事にしていた。理髪店でも洗髪のときにはいろいろと注文を付けていたという。

私が少年のころ、「なぜ人間には白髪が生えるの？」と父に聞いたことがある。父は「年をとると、帽子代わりになるようにと神様が白くしてくれる。お年寄りが暗い夜道を歩いていても白い髪なら分かる。神様が安全に守ってくれるのだ」と話してくれた。

昨今、多くの人が髪を染色している。それもいいことだと思う。でも、私には父の血が流れている。決して黒く染めようと思ったことはない。自然のままの美しさが保てれば、それでいい。』

髪の行方

年をとると、髪の毛の様子が移り変わってくる。禿げるタイプと、白髪になるタイプとの二種類あるが、私の実父は禿げていた。〝総退却型〟といって、カンカン帽を被っても、後ろから三日月型の禿がのぞいていた。だから私もその傾向を覚悟していたが、八十五歳の今にいたっても禿げてはいない。その代わり、少しだけ白髪が混ざってきたが、まだチラホラというくらいで、黒っぽいところも沢山ある。しかしこれが増えてくるか、毛がもっと薄くなってくるかは、今後の成り行き次第である。

白くなっても、染めようとは思わない。灰色でも白でも、そのままが良いだろうという気がするからだ。「そのまま」にしておくのが、手間もかからず、安上がりであることは、間違いないのである。

『光の泉』平成十六年一月号や本書でも、「老子」の言葉を紹介したが、老子の説くタオ（道）とは「真理」であり「実在」のことだ。それは「曰《いわ》く言い難し」の、いわば「無《む》為《い》」であり「そのまま」のことだ。仏教でも絶対の真理を「無為法」と言う。これは「何もしない」のではなく、「無為自然」「自然法爾《じねんほうに》」のことである。このタオの教えを継いだのが荘子であるから、ひっくるめて「老荘《ろうそう》の教え」とも言う。だから荘子の「道」も老子の「道」も、「自然法爾」「そのまま」のことと言えるだろう。

しかし単に「そのまま」だけでは誤解するむきがアルかも知れないので、生長の家では果たしてどう説いているか――「『生長の家』信徒行持要目」（『新編聖光録』七六頁）

にはこう書かれている。第一項には、

『一、天地一切のものに感謝すべし。

皇恩に感謝せよ。汝の父母に感謝せよ。汝の夫又は妻に感謝せよ。汝の子に感謝せよ。汝の召使に感謝せよ。一切の人々に感謝せよ。天地の万物に感謝せよ。』と。

そのままの心

そして次の第二項に、

『二、そのままの心を大切にすべし。

そのままは零《れい》なり、一切なり、○《まる》なり、円満なり、無礙なり、無限供給なり、調和なり、病なきなり、一切の不幸、災厄、病難はそのままを外したるときあらわれるなり、顧みてそのままの心に復《かえ》るとき、一切の不幸は滅す。』とある。

つまり「そのまま」とは、何もしないでポカンとしてることではなく、又「無為」とは「自然法爾」である。即ち「真理の実践」だと言えるであろう。そこにはストレス解消のために、タバコや酒に溺れる姿もなく、親子喧嘩も夫婦喧嘩もないのである。だから「無礙《むげ》」（引っかかりがない）であり、ひとりでに「無限供給」ともなる。

では冬になると、夏の浴衣《ゆかた》〝そのまま〟でいるのかというと、そうではない。滑って転んで骨が折れても、〝そのまま放っておく〟のが「そのままの心」でもない。即ち『信仰生活の神示*』にはこう記されている。

《信仰生活とは無用意の生活ではない。すべてに於て完全に用意されてゐる生活である。凡《およ》そ信仰生活ほど完全に用意されてゐる生活はない。それは心が完全に用意されてゐるだけではなく、物質にも完全に用意されてゐる生活である。物質は心の影であるから心が完全に用意されてゐるとき物質も必要に應じて完全に與《あた》へられるのである。家庭は一つの有機體であるから、良人《をつと》が明日の用意をしないときには妻が明日の用意をするやうになる。妻が明日の用意をしないときには良人が明日の用意をする。右の手が利かなくなつたら左の手が利くやうに成るのも同じことだ。それは自然の代償作用でさう成るやうに計《はか》らひがあるのである。それは有難い自然の計らひであるから、夫婦互ひに感謝するが好《よ》い。信仰生活とは明日の用意をしない生活だと思つて、明日の用意をする配《つれ》偶《あひ》を信仰がないと思つて夫婦が争つてゐる信仰深い家庭があれどもみんな誤つた信仰である。『明日のことを思ひ煩《わづら》ふな』と云《い》ふ意味は『明日の用意をするな』と云ふことではない。信仰生活とは冬が來てから綿入《わたいれ》を縫へと云ふやうな生活ではない。秋から冬に要《い》る綿入を縫うて置いても、それは『取越苦勞《とりこし》』ではない。心が整へば秋から冬に要るものがちやんと判《わか》つて、自然法爾《ひとりで》に其《そ》の要る物を用意したくなるのである。自然法爾《ひとりで》と云ふものは、外から自然に與へられることばかりではない、内から自然に催して來るこゝろの中《うち》にも自然法爾《ひとりで》がある。心が亂《みだ》れて病氣になつたとき心が調へばその病氣を治すに適當な食物が欲しくなるのも自然法爾《ひとりで》である。野の鳥も卵を產む前に自然に巢を造りたくなる。卵を產む前に巢を造つても小鳥は取越苦勞をしてゐるのではない。『生長の家』の生活は物質に捉《とら》はれない生活だと言つても、物質をきたながる生活ではない。金錢を穢《きたな》いもののやうに思つてそれを捨てねば氣が安まらぬやうな心も物質に捉はれてゐるのである。（後略）》

泥棒の話

よく「備えあれば憂いなし」と言うが、雨戸のカギも掛けず、門や玄関のカギもしめず、〝そのまま〟にして眠るのが「自然法爾」ではない。それが信仰深い人のやり方と言うのではないのだ。例えば平成十五年十月五日の『讀賣新聞』にはこんな記事が掲載されていた。

『四日午前五時五分ごろ、横浜市中区上野町のコンビニエンスストア「ミニストップ上野町店」に、男が押し入り、レジ内にいた男性店長（53）に包丁のような刃物を突きつけ「金、金」と脅した。店長がレジ内に置いていたスチールパイプを振り上げ、護身用の防犯ブザーを鳴らしたところ、男は逃走。店長からの110番通報を受けて駆けつけた山手署員が、約三百米《メートル》離れた路上で男を発見、強盗未遂の疑いで緊急逮捕した。

逮捕されたのは、同市中区本牧町、無職高館良治容疑者（30）。

近くの別のコンビニでも九月二十五日に約九万円が奪われる強盗事件があり、その際、防犯カメラに映っていた男と高館容疑者が似ていたため、同署で追及したところ、高館容疑者はこの事件についても容疑を認めているという。

二十五日の事件発生後、同署がこの男の写真を近隣のコンビニに配布して注意を呼び掛けたのを受け、店長はスチールパイプと防犯ブザーを用意したばかりだった。』

泥棒したり、強盗をしたりした人を、「あの人もこの人も、みんな神の子だから、警察に知らせるのは止《や》めにしよう」というのでは、その犯人をさらに次の犯罪に向かわせることになるから、「そのままの心」でも「愛が深い」のでも何でもない。早く捕まえる方が、彼らを早く反省させることになるから、善行になるのだ。それも「賽銭泥棒」を

やって、賽銭箱に手を挟まれて抜けなくなったり、又こんな実例もある。平成十五年九月十五日の『讀賣新聞』の記事だが、

『十四日午前三時三十五分ごろ、神戸市長田区のクリーニング店前で、区内の無職少年(19)がたばこの自動販売機の取り出し口（縦十二センチ、横二十センチ）に右腕を入れたまま動けなくなっているのを、新聞配達の男性(56)が見つけ110番。たばこを盗んでいたことを認めたため、長田署員が窃盗の現行犯で逮捕した。

長田消防署から救助工作車など三台、署員十二人が出動し、腕や取り出し口にせっけん水を塗るなどして約三十分間、腕を抜こうとしたが、痛がり断念。

呼び出された店の店員が自販機のパネルを開けて助けた。少年は腕に軽いけが。

調べでは、少年は取り出し口に腕をひじまで差し込んで一箱ずつ盗んでおり、そばには盗んだ国産たばこ四十三箱（一万千七百円相当）入りの紙袋があった。

少年は約一時間前から腕が抜けず動けなくなり、通行人に助けを求めたが無視されたといい、「すみませんでした」とぐったり。

長田署員らは「普通の大人なら腕は入らない。自販機に捕まったようなもの」とあきれていた。』

せめてこのくらいで捕まるのが、大罪を犯してから、やっと捕まるのより、ずっと幸運と言える。その方が、犯した悪業が少なくて、悪果が小さいからである。

感謝すること

さらに又、信徒行持要目の第一項にある、皇恩や父母に感謝することはとても大切で、これも「そのままの心」に直結する。その一例として、平成十五年十月六日の『毎日新聞』に、群馬県高崎市の金井春美さん(44)のこんな投書が載っていた。

『「希望の魚を炭火で焼きます」の張り紙が気になり、サンマを注文した。

夕方取りにいくと、新聞紙に包まれた熱々のサンマと、「少しだけどサービスね」と大根を渡され、店主の心遣いがうれしくて、脂の乗ったサンマを大根おろしでいただいた夕げは格別だった。

店主の温かさが祖母を思い出させた。

私が小学生のころ、祖母はサンマが大好きで、大きい骨だけ残し、奇麗に食べた。

サンマは父が七輪を使い弱火で丁寧に焼く。いいにおいがすると、母がニコニコ顔で祖母の前に真っ先に置いた。父と母は、これが親孝行と思っていたんだと、祖母が逝って20年、初めて気付いた。』

この一文には、深切で「そのままの心」の人たちが生き生きと描かれていると思うがどうだろう。しかもそれがごく自然そのままで「親孝行」となっているのが素晴らしい。

今私はこの原稿を私物のパソコンで打っているが、「皇恩」と打とうとしても、漢字が出てこない。「皇」はあったので、皇と恩とをくっつけて、「皇恩」の辞書登録をしておいた。かつて第二次世界大戦が終わり、マッカーサー将軍が占領軍司令官として日本に着任した頃のわが国は、言論統制がしかれて厳しい検閲があり、生長の家の「神示」にある「皇恩」も「国恩」と変化させられた時代があった。だから古い「聖経」の中には、それが残っているかも知れないが、その後はまた自由に「皇恩」が使えるようになったのは有りがたいことである。

天皇陛下のご恩はとても沢山あるが、昔から陛下が植物や動物を愛されたことは有名である。そしてどの草も「雑草」などというものはなく、皆それぞれの名前があるから、むやみに抜いてはいけないと言われて、全ての樹草を大事にされた。その事は元宮内庁長官・富田朝彦氏が平成元年一月十九日の『東京新聞』に、昭和天皇の思いでとしてこう書いておられる。

『おそばにいて身の引き締まる思いをした半面、「雑草という草はない」という陛下のお言葉に強く表れているように、長い間のご苦労の多かった日々に身につけられたというか、天性というべきか、周りのものへの思いやりというものをお持ちだったんでしょうね。(前後略)』

又昭和三十七年の「土」という御製では、

『武蔵野の草のさまざまわが庭の
土やはらげておほしたてきつ』

人に依っては「雑草は抜くのがよいのだ」と思っているかも知れないが、「生物の命《いのち》」という観点からすると、そこに草木の高下や善悪などはないのが、「神の御心」即ち「そのままの心」と言えるであろう。

何故なら人はみな「神の子」であり、「神の子」は「神」である。だから「神の子」が「そのままの心」になると、一木一草に至るまで愛《いと》おしくなるものだからだ。

こうして地上に天国が顕現する。敵もなく戦争もなく、争いや憎しみ恨みのない「極楽浄土今此処《ここ》にあり」と言う境地になるのである。そうなる為には、一人一人の心に、

「われ神の子・完全円満」の信仰が醸成されなければならない。すると「神の国の愛語讃嘆の世界」が現実化する。そしてそれは又同時に「男尊女卑」でもなく、「女尊男卑」でもなく、「男尊女尊」の世界であり、これが「そのままの世界」なのである。

＊『信仰生活の神示』＝谷口雅春大聖師が昭和六年に霊感を得て書かれた言葉。

自然法爾を生きる

円通寺まで

どんな運動競技でも、スタートが出おくれてもたもたしたのでは、好成績は出ない。だがあまりあわてて飛び出すと、やり直しとなり、他人の迷惑になるだろう。相撲でも仕切りの良し悪しで、勝負の大勢がつくものだ。

そこで力士さんは「仕切り」の研究と練習に力を尽すのだが、光明化運動でもその大躍進のためには「仕切り」も大切で、そのため信仰の根本姿勢について考えてみる必要がある。人間も幼いころの体験がその人の人生に強い影響を与えるものだ。

私の経験からいうと、実父は荒地清介といって、永年裁判所の判事をつとめていた。そのため二年くらいで各地を転任されたので、家族はそれにつれて転住した。私は広島市で生れ、小学校に入ったのは愛媛県の今治にいたころだが、次に山口県の萩市に移った。そこは荒地の本家があった場所で、父もそこで生れたから、大変喜んでおられたが、母はそうでもなかったようだ。

しかし私の入った小学校はよい学校で、明倫館といって歴史的な建物内にあった。私は二年生の途中から転校して、四年生まで小学校に行き、次に又岡山県に転居した。その明倫館で受け持って下さった先生は立派な住職さんで、仏教の日曜学校も持っておられた。そこで私も毎日曜日にはそのお寺に行って、お経を読んだり、お説教をきいたりした。昔のことだから、今そういうことが先生方にゆるされているかどうかは知らない。

それまでにも姉（故人）がキリスト教会に通ったので、それにつれられて牧師さんの説教を聞いたこともある。この牧師さんも立派なとても深切な人で、小さな足ぶみオルガンを弾いて、賛美歌などを歌った。だからいつの間にか宗教的な雰囲気を知ったが、家庭は無宗教で、父と母は習字を習ったり、母は謡曲を習い、私にも学べなどとすすめてくれたが、私はもっぱらごめんこうむって、姉の足踏みオルガンなどをいじって遊んだものである。

次に岡山県に移住した時、玉島という町に住んでいた。そこで小学校の五、六年生をくらしたが、玉島という所は古い港町で、港近くの小高い丘の上に円通寺というお寺があった。今は円通寺公園というらしいが、とてもよい眺めの丘だった。そのお寺にも度々行って遊んだが、このお寺で良寛和尚さんが修行されたという話を聞いた。良寛さんが二十二歳のころから十年くらいの間のことであった。

栄蔵さん

良寛さんが生れたのは宝暦八年（一七五八年）十二月、越後の出雲崎《いずもざき》の名主《なぬし》で神官もつとめた山本左門（号は以南《いなん》）が二十三歳の時、その長男として生れた。母は秀子といって二十四歳だった。この出雲崎は日本海岸に沿った町で、昔は宿場として栄えたという。そこからすぐ目の前に〝佐渡が島〟が見える。良寛さんは栄蔵《えいぞう》という名で、山本家は名主で庄屋だったから、戸籍や役場におさめるお米や、色いろの相談役をつとめていて、〝たちばな屋〟という屋号をもっていた。これは先祖が橘氏という古い家柄だったからで、橘さんとも呼ばれた。昔から身分の高い公家《くげ》さんが佐渡に流される時も、よく〝たちばな屋〟に泊まられたという話である。

このような名主の家に生れたから、栄蔵さんは将来名主の役を継ぐ人だというので、幼いころから学問を学び、難しい漢文を沢山読んだ。栄蔵さんは本を読むのが大好きだったが、めったに外には出ないで、たまに手《て》まりをついたりしていたという。良寛さんが年とってからも、手まりをつくのを好んだり、子供たちと遊んだのは、幼いころからの〝練習〟の効果かも知れない。

父の以南さんは、この弱々しい息子を何とか強く育てようとして、よく叱ったようだ。叱られて家を出て海岸に行って、永い間海を見つめていたという話も伝わっている。ところがたちばな屋は、次第に家業が傾きだした。競争相手の京屋《きょうや》というのが出てきて、徳川幕府の代官に取り入ったせいだという。以南さんは二十四歳のときたちばな屋を継いだが、その状態は変わらず、その後以南さんはよく家を留守にして、俳句を作る人たちと旅をした。彼のよんだ句に、

あまが子《こ》の　牛に踏まるる手まりかな

というのがあるが、北海道まで行ってよんだものだ。

良寛となる

栄蔵さんも十五歳になると、元服して、名主見習という役目をやらされ、父の仕事を手伝った。しかし彼には役人と交渉したり、漁師たちの意見を取りついだりする役目はとてもつとまらない。正直一点張りで、ウソやごまかしの言えない人柄だったからだ。役人から命ぜられて、死刑になる現場に立ち会わされたりして、つくづくこの世のみにくさを思い知らされた。そこでもっと学問をして、真理を知りたいと切実に思うようになった。当時は役人にワイロを使うことも公然とされる時代だったからだ。

そこで十八歳になったころ、母親に「出家したい」と訴えた。母はおどろいて、何とかして思いとどまらそうとしたが、彼の決意は堅く、父母はやっとのことその願いをきとどけてくれた。幸い山本家には栄蔵の他に弟三人と妹四人子供がいたからであろう。

栄蔵さんが出家したのは、尼瀬《あまぜ》（出雲崎町）にある光照寺というお寺だった。そこで「良寛」という僧名をつけてもらった。その後国仙《こくせん》和尚という禅宗の偉い坊さんがこの近辺に来られた。そこで彼は国仙和尚にたのみこんで、玉島の円通寺に連れて行ってもらい、禅の修行を始めたのである。

良寛さんは、そのころのことを、次のような詩に書いている。

少年捨レ父走二他国一（少年より父を捨てて他国に走り）
辛苦画レ虎猫不レ成（辛苦《しんく》虎を画いて猫にも成らず。）
有レ人若問二箇中意一（人あってもし箇中《こちゅう》の意を問わば）
箇是従来栄蔵生（これはこれ従来の栄蔵生《えいぞうせい》。）
此地有二兄弟一（この地に兄弟あり）
兄弟心各殊（兄弟心おのおの殊《こと》なり。）
一人辯而聰（一人《ひとり》は辯《べん》にして聰《さと》く）
一人訥且愚（一人は訥《とつ》にしてかつ愚《おろか》なり。）

弟の方が聡明で、自分は愚かで訥《とつ》としてうまくしゃべれないといい、弟の新左衛門を聡明でうまくしゃべるとほめているのだ。

しかし又続いて次のようにも付け加える。

我見二其愚者一（われその愚《おろか》なる者を見るに）
生涯如レ有レ余（生涯余《あまり》あるがごとし。）
復見二其聰者一（またその聰《さと》き者を見るに）

到処亡命趨（到るところ亡命して趨《はし》る。）

（『良寛詩集』東郷豊治編著・創元社刊・一四六頁・三八二頁）

円通寺での修行は、若くて良家育ちの良寛さんにはこたえたようだ。朝早くから起きて、座禅を組み、食事の仕度をして食事し、掃除、洗濯何でもやらされ、先輩の僧たちの身のまわりの世話までしなければならない。さらに托鉢に出て、経を読む修行が続くのである。彼は他の僧よりも一そうはげみ、多くの書物を読んだ。ことに道元禅師の書物を読んで感動し、涙が止まらないくらいであったと言う。

夢のまた夢

このようにして良寛さんは円通寺できびしい修行を続けたが、その間の二十六歳の時、母の秀子が病気で亡くなられた。

たらちねの母がかたみと朝夕に佐渡の島べをうち見つるかも

（『良寛歌集』日本古典全書・朝日新聞社刊・一七二頁）

というのがある。秀子さんは佐渡の生れだったたから、この和歌は良寛さんが晩年出雲崎に来た時、島を見ながら弟の由之に送った歌である。

さて円通寺で十年の歳月をすごした良寛さんは、ある日、国仙和尚に「諸国あんぎゃの旅に出して下さりませ」と頼んだ。国仙和尚はすぐ許可して下さったので、旅に出た。こうして一生涯寺を持たず、日本の各地を巡り歩いて、乞食《こつじき》をし、読経をする無一物中無尽蔵の人生を送ったのである。かつて詩によんだ「愚の余」を行じたのであろう。その間、どこに行かれたかの正確な記録はないが、晩年は越後の地ですごされたことだけはたしかであり、九州の唐津にも、奈良や高野山にも登られたことが歌の「ことば書き」などに記されている。唐津では、

思ひきや道の芝草折りしきてこよひも同じ假寝せむとは

（『良寛歌集』一二九頁）

とうたわれ、

夢の世にまた夢むすぶくさまくら寢覺めさびしくものおもふかな

（同、一三一頁）

とも歌われているが、この世は夢の世界であって、実在界とはちがうし、仏の国ともちがうのだと信じつつ、古里に心ひかれる思いがあると歌っている。ついでに言うと、良寛さんは背の高い、切れ長の目と、鼻の高い清潔ずきの人だったということだ。

学習のヒケツ

良寛さんは漢詩も沢山作ったし、和歌も長歌も立派なものを詠まれたが、書《しょ》もまたすぐれた作品を多数のこされた。私がまだ全国各地で講習会をしていたころ、新潟へ行った時、良寛さんが住んだ五合庵のいおりや、良寛堂で沢山の書を拝見した。有名な「天上大風」などは、全く見事なものだ。しかしこのような書も、自然に出て来たものではなく、それこそ空中に沢山の書を書いて練習された成果だという話だった。

全ての人には才能があるが、それは訓練して、みがき出さないと、この現象界には現れてこないものである。「五合庵」という庵《いおり》は、出雲崎から二十五キロぐらいの所にある国上山《くがみやま》の中腹にある。もっと上には国上寺《こくじょうじ》というお寺があるが、そこまで登る途中に小さな庵があり、それが「五合庵」と呼ばれた。良寛さんが住む何十年か前に、万元《まんげん》和尚という学僧さんが住んでいた。国上寺からは毎日米を五合（約〇・七キログラム）あげていたので五合庵と呼ばれたのだそうだ。

五合庵は松や杉や竹にかこまれ、崖に面して後ろ側はすぐ山だ。流水がわき出し、岩にはこけがむし、底に水がたまって、きれいな飲み水となっていた。そこが気に入った

良寛さんは、そこで毎日書を読み、座禅をし、

いざここにわが身は老いむあしひきの國上の山の松の下いほ

（『良寛歌集』一五五頁）

と歌った。麓には昔の学友や歌の友がいたので、その人たちとも話し合ったし、托鉢の時、子供たちとも遊びくらし、時には〝鉢の子〟を忘れて行ったのが、今は拾った人が家宝として大切にされている。子供たちと遊ぶてまりも庵の中で良寛さん自身で作ったりしたのが、今でも残っている。おはじきもしたらしい。

鉢の子をわが忘るれど人とらずとる人はなしあはれ鉢の子

という歌もある。このような歌も「万葉集」を書きうつして学んだから、何とも言えない味がある。長歌もあり、

たそがれに　國上の山を　越えくれば　高ねには　鹿ぞ鳴くなる　ふもとには
紅葉ちりしく　鹿のごと　音《ね》にこそ鳴かね　もみぢ葉の　いやしくしくに
ものぞかなしき

（『良寛歌集』二一三頁）

などと歌われた。

良寛さんの歌は四千五百首もあると言われるが、人が「どうしたら歌の勉強ができますか」と聞くと、「万葉集をおよみなさい」とすすめた。

「万葉集はむつかしくて分らない」

というと、

「わかるところだけお読みなさい」

と教えたが、ここに学習の〝秘訣〟がある。人は生れてから自然に父母のコトバを憶えるが、最初はむつかしくて分らないコトバだらけだ。しかしじっと聞き続けているうちに、分るところだけが分ってくる。そして二、三年たつと、父母のコトバが沢山分るようになる。難しいところがあっても、分るところもあるから、そこを分らせていきさえすれば、上達するのである。本を読むのでも、何でもそうだ。

宗教の教えでも、分らないといって手をつけないでいたり、読まず、聞かずで放っておく人もいるが、これでは一向に上達せず、進歩なしだ。良寛さんは阿部定珍や三輪権平という人などから度々万葉集を借りて、自分で書き写して勉強した。「手で書き写す」という学び方は、昔から伝わっているが、今はこれがすたれて、印刷やコピーやパソコンなどに頼りだすと、コトバの中身が失われる可能性もでるのである。

良寛さんのすばらしい書体は、『良寛と禅師奇話』（加藤僖一著・考古堂書店刊）という書物に各種のものが写真入りで載っている。ことに草書の手紙などは、見ていて心が洗われる。これも日ごろの練習なくしては現れない天才で、現実には晩年の数多くの知人や後援者にあてた手紙として保存されている。

貞心尼との手紙

さらに『良寛の書簡集』（谷川敏朗編・恒文社刊）には、良寛さんの生活や信仰の中身まで記された手紙が集められ、美しい書体である。本人の多くの手紙は、濁点やふり仮名はついていないし、間違った仮名遣いもあるが、そのようなことにはこだわらない気持があったようだ（ことに昔の人はそのように使ったたし、付けると失礼とさえ言われた）。その中に「貞心尼」という尼さん宛てのものがある。

貞心尼は寛政十年（一七九八年）に長岡藩士の奥村五兵衛の娘として生れ、俗名を「ます」といった。丁度その時良寛さんは四十一歳だったから、五合庵に住むようになった次の年に彼女は生れた。不思議な因縁で、良寛さんの最後は、この美しい尼さんに看取られて亡くなられたのである。

彼女は十七、八歳のころ、関長温《せきちようおん》という医師と結婚して、新潟県の小出町《こいで》に住んだ。不幸にして五、六年後に夫と死別したらしく、実家に帰り、柏崎の洞雲寺《とううんじ》で出家し、尼僧となった。眠竜、心竜という尼さん姉妹の庵に同居して、水仕事なども受け持った。良寛の噂を聞き、てまりの歌をよんで送ったところ、良寛からの返歌が来たので、喜んで良寛を訪れた。

貞心尼も歌をよむので親しくなり、いろいろと教えを受けたが、彼女は帰りぎわにこんな歌をよんだ。

『立ちかへり　またも訪ひ來む　たまほこの　道のしば草　たどりたどりに』

すると良寛は返歌して、

『またも來《こ》よ　山の庵を　いとはずば　すすき尾花《お》の　露をわけわけ』

（『良寛歌集』一〇〇頁より）

しかし六年後に、良寛さんは昇天された。その後貞心尼は明治五年に七十五歳で死去し、お墓は柏崎にあり、歌碑《かひ》も建っている。

良寛さんは晩年、それまで住んでいた五合庵の都合などで、もっと低い土地にある乙《おと》子《ご》の森の庵（乙宮）に移住した後、柏崎にも移り、そこで貞心尼と出あい、良寛さんはこんな手紙を彼女に送っている。

『先日は眼病のりやうじがてらに　与板《よいた》へ参候　そのうへ足たゆく　腸《はら》いたみ　御草庵もとむらはずなり候　寺泊の方へ行かん（と）おもひ　地蔵堂中村氏に宿り　いまにふセり　まだ寺泊へもゆかず候　ちぎりにたがひ候事　大目に御らふじたまはるべく候

秋はぎの花のさかりもすぎにけり
　ちぎりしこともまだとげなくに

御状ハ　地蔵堂中村ニ而《て》　被見致候《ひけんいたし》

良寛

八月十八日

』

（『良寛の書簡集』二九六頁）

とあり、貞心尼の宛名になっていた。同書の注にはその時の良寛の病状について、こう記されている。

『これは、文政十三年（一八三〇）八月の書簡であろう。良寛は、この年の七月上旬から身体を悪くし、下痢に悩みながら、翌年の天保二年正月六日に、ついに亡くなった。良寛は自分の死期を知り、いとまごいのため、無理に各地の知人を訪ねたらしい。島崎の草庵を出発して山を越え、与板の町へ出て貞心尼のいる長岡在の福島《ふくじま》へ行こうとした。しかし、福島は陸路である。足がだるくて、良寛は貞心尼訪問を断念した。与板から舟便で、地蔵堂の中村家まで行き、とうとう寝込んでしまった。

良寛は約束を重んじたのであるが、身体が悪くてはいたし方がない。それで、貞心尼へ断りの手紙を出したのである。

貞心尼の草庵は、福島にあった閻魔堂《えんまどう》である。同所には現在、貞心尼の「朝餉《あさげ》たく程は夜の間に吹き寄する落葉や風の情けなるらむ」という歌碑が建っている。なお「腸」は腸の俗字である。「はらわた」「わた」と読むが、「はら」とは読まないようだ。「被」は「披」に同じ。』


（『良寛の書簡集』二九七頁）

円満完全がある

ここに書かれている中村家という商家に、良寛さんはお金をあずけておいて、手紙などもあずかってもらっていた。貞心尼編の「はちすの露」という歌集には、

やまのはのつきはさやかにてらせども

まだはれやらぬみねのうすぐも

という歌がある。これは彼女が良寛に自分の悟りがまだ開かれてない実情を歌にしたもので、それに対して良寛さんは、こう答えている。

『かへし
ひさかたの月のひかりのきよければ
　てらしぬきけりからもやまとも
むかしもいまもうそもまことも
　やみもひかりも
はれやらぬみねのうすぐもたちさりて
　のちのひかりとおもはずやきみ
ふゆのはじめのころ
きみやわするみちやかくるゝこのごろハ
　までどくらせどをとづれのなき
　　　　　　　　良寛
霜月四日　』

さらに同頁（二九八頁）には谷川氏の注としてこう書かれている。

『貞心尼は、仏法に対する悟りがまだ得られないことを、良寛に訴えたのである。それに対して良寛は、月の光のような清く尊い仏のみ心は、唐《から》の国も日本も、昔も今も、うそも真実も、闇《やみ》の世界も明るい世界も、みな同じように照らして理解するようにしておられる。だから、あなたもやがて仏のみ心を理解できるであろうと、歌で教えたのであった。

この歌は、変わった形式である。従来の歌集にはないようだ。その形式の中に良寛は、空間の世界、時間の世界、内面の世界、外面理念の世界を対にして、月輪のごとき丸く円満な仏法は、宇宙の実相をわけへだてなく、あまねく照らしている、と教えたのである。』

ここには良寛の信仰の神髄がのべられている。しかもやさしい歌の言葉で。中国も日本も、今も昔も、全ての現象の奥に、月の光のような円満完全な世界がある、それが「実相」だというのである。その心境を良寛の書の木刻「心月輪」という言葉が表している。これは良寛さんが解良《けら》家へ遊びに来た時、ふと心が動いて書いたもので、仏教の「月輪観《がつりんかん》」という月を観《み》てする観法を示しているとされ、道元禅師の「円月相」にあたるとも言われている。又真言密教には「心月輪」という言葉もある由だから、良寛の学問の深さがしのばれるであろう。

月のさやけさ

続いて『良寛の書簡集』の注には、こう記されている。貞心尼との歌のやりとりだが、

《さらに良寛は、あなたの心の迷いはやがて消えさり、月の光のような仏法の光が、あらゆる隅々まで、きっと照らし出すだろうよ、そのように、あなたは仏法を悟ることが出来るはずだ、と歌で示した。これらの歌に接した貞心尼は、仏法を理解でき、その喜びを歌にして良寛へ送った。

我も人もうそもまことも隔《へだ》てなく
　照らしぬきけり月のさやけさ
覚めぬれば闇も光もなかりけり
　夢路を照らす有明の月

良寛も、すぐに祝福の歌を返した。

天が下に満つる玉よりこがねより
　春の初めの君がおとづれ
なお、書簡の最後の歌について、『はちすの露』の中で貞心尼は、「ほどへてみせうそこ給はりけるなかに」と詞書をつけ、返歌を記している。
　御かへし奉るとて
ことしげきむぐらのいほにとぢられて
　みをばこゝろにまかせざりけり
良寛は、貞心尼が訪問の約束を違えて、なかなか来てくれない不満を、それとなく述べたのである。それに対して貞心尼が、訪問できなかった言いわけを歌で示したのであった。》

生長の家の信仰について〔完〕

生長《せいちょう》の家《いえ》の信仰《しんこう》について

平成十七年四月十五日　初版発行
平成二十四年九月二十五日　十版発行

著　者　谷口清超（たにぐち　せいちょう）〈検印省略〉

発行者　岸　重人
発行所　株式会社　日本教文社
東京都港区赤坂九―六―四四　〒一〇七―八六七四
電話　〇三（三四〇一）九一一一（代表）
〇三（三四〇一）九一一四（編集）
FAX　〇三（三四〇一）九一一八（編集）
〇三（三四〇一）九一三九（営業）

頒布所　財団法人　世界聖典普及協会
東京都港区赤坂九―六―三三　〒一〇七―八六九一
電話　〇三（三四〇三）一五〇一（代表）
振替　〇〇一一〇―七―一二〇五四九

組　版　レディバード
印　刷　東港出版印刷株式会社
製　本　牧製本印刷

定価はカバーに表示してあります。落丁・乱丁本はお取り替えいたします。

ISBN978-4-531-05246-2

本書の本文用紙は、地球環境に優しい「無塩素漂白パルプ」を使用しています。